SHODENSHA
SHINSHO

# 嫉妬の正体

谷沢永一



祥伝社新書

本書は、平成十九（二〇〇七）年にビジネス社より刊行された単行本を新書化したものです。なかには、現在では不適切と思われる表現もありますが、著者がすでに他界していること等に鑑み、原文通りとしました。（）は刊行当時のまま、〔〕は今回の編集部が入れたものです。また引用文を含めて適宜ふりがなを加除し、漢字をひらがなに改めています。

# まえがき

　私は、外国語をいっさい解せず、読めず語れない語学音痴です。それゆえ留学体験もなく、外国人との交流もまったくありません。したがって、日本人と外国人とを較《くら》べて論じる資格があろう筈もない身です。当然のこと、以下に述べるささやかな感情も、比較文化論の立場から申すわけでは決してありません。

　ただ、僥倖《ぎょうこう》にも七十八歳に達して一応の人生経験から感じとってきた平凡な個人としての感懐を要約するとすれば、日本人は非常に嫉妬の感情を強く共有しているとの痛嘆が、澱《おり》の如く心の底深く沈んでおります。この本は、そういう眇《びょう》たる一老人の想いを述べたものですから、いや、日本人はそれほど嫉妬ぶかくないと思っておられる方々は、この一冊をどうか無視してください。

　そして、国際的な比較は措《お》いて置いて、日本人はどうやら嫉妬心が強いようだな、と、平素からそんな気配を感じとってこられた皆様方のみ、手にとってご覧いただけますようお願い致します。

日本人には、社会的に高い位置にある人々や、経済的に恵まれている階層に対し、決して寛大な気持ちで接しないという共通の態度が認められます。或《ある》いは、司馬遼太郎《しばりょうたろう》さんがすでに喝破《かっぱ》しているように、一身におおいなる権限を集め、独裁的な支配者であるかと見られた傑物たちの、そのほとんどが、非命に倒れてきた前例に、事欠《ことか》かないように思われます。一般の日本人は、他を圧して抜きんでた顕著な存在を、許容したがらない傾向を持つと、認められるのではないでしょうか。われわれが無意識のうちに、それが当たり前と考えられている国民の性向を、嫉妬心、という一語で評するのを、いまはとりあえずお認めいただきたいと考えます。

女流作家の河野多恵子《こうのたえこ》さん（対談『文学問答』文藝春秋）が、長く紐育《ニューヨーク》に住んだ経験を、次の如く簡潔に表現しているのを、肯《うべな》うべきではないでしょうか。

　クリントンが国民皆保険制度を実施しようとして反対されたでしょう。アメリカ人は、今より良くなる、息子の代にはさらに良くなる、いつかは自分たちもリッチの方に入るというドリームが今でもあるから、高収入者に対して手厚いことには寛大なんですね。ニューヨークではやっぱり人が活き活き生きている。スーパーマーケットのいろんな人種の女性たちでも、郵便局の人でもオフィスの務めの人でも、みなとにかく明るい。一体にラフですけれどね。

如何でしょうか。少なくともわが国には、このような気風が認められないのが現実であると痛感させられます。現今の日本人が、高収入者に対する手厚い処遇に肯定的であるとは決して思えません。日本国民が、社会的および経済的成功者を、嫉妬せず憎悪せず、瞋恚《しんい》の炎《ほむら》に身を焦《こ》がさず、敵愾心《てきがいしん》を募《つの》らせず、心安らかに穏やかに、自然現象の如くに眺めているると申せましょうか。万事はすべて逆であると観察するのも、一概に僻《ひが》んだ偏見ではないと思案いたします。

競技《スポーツ》や芸能に属する格別な世界は別として、誰にでも機会のある社会的活動の次元で、抜きん出た出頭人に対し、わが国びとは決して寛容ではありません。または、他人を視野に入れるとき、関心が強すぎるあまり、そこから人情の自然として、嫉妬心、または、それに似た心おだやかではない心情が、沸《わ》き起こるのではないでしょうか。

国民が、おのずから他者と自分を見較べて、そこに勃然と競争心が生れるのを、わが国におけるひとつの特色と、見做《みな》しても宜《よろ》しいのではないでしょうか。

わが国びとは、常にせわしなく自発的に、誰もが先へ進もうと身構えているようです。確実に動いているエスカレーターの、東京では右側、大阪では左側、その隙間を駆け抜け踏みしめ、勢いよく走って上がる人々のため、言わば語らずに空けておく習慣が、いまや社会的常識として定着しております。航空機へ向かう狭い路でも、横を擦《す》り抜けてゆく急ぎ足の方を、誰も不思議に思わなくなりました。出発時間も座席も確定してはいるのだけれど、それでも前をゆく他人を出し抜こうと努める衝動は、日本国民の顕著な特色ではないでしょうか。

私は老人の繰り言を申しているのではありません。この、他人より一歩でも先へと急ぎたがる心情があればこそ、日本の国力が現今に至るまで飛躍的に発展したのであるなぁと、つくづく感嘆しているのが偽《いつわ》りのない心持ちです。

遠い古代から長い時間を経て今に至るまで、日本国民は、追いつけ追い越せの負けじ魂を伝えてきました。今後もそのような風潮が消え去る事態は恐らくありえないでしょう。

一歩でも二歩でも先へ進みたい突出慾こそ、今では日本の国際的競争力を促《うなが》す動因となっている、そう考えるのが妥当なのではありますまいか。残されている課題は、その旺盛な競争心、勇壮な先駆け意欲、それを腐《くさ》らせ無効にするような嫉妬心を、烈《はげ》しすぎる段階へ燃えあがらないよう、互いに少し抑えて他者と接する場合の、適度な自制心の発動ではありますまいか。

私は、日本人の特性を肯定的に認めながら、それが度を越して埒外《らちがい》に逸《そ》れないよう、ひとりひとり、些少の配慮をする必要があるのではないかと、ささやかに呟《つぶや》いているにすぎません。

そのような私の老婆心、いや老爺心を、かねて用意の粗筋《あらすじ》を記した覚書《メモ》に頼りながら、語り続けている私の呼吸を呑みこんで、全体の構成に仕立ててくださった懇意の松崎之貞さん、および整理と校正にたずさわられたビジネス社の武井章乃さん、このおふたりが力を尽くして下さったおかげで、私の思いを十二分に表現した本書が出来上がった次第に、ふかく感謝の意を表します。

くどいようですけれど、私は何事かを憂慮したり、提唱したりしているのではありません。二十一世紀を迎えた現代における日本人の心情を、あるがままに、自然に即して写しとるような作業を心がけたにすぎません。嫉妬心を一応は主題と定めましたけれど、それは著述に多少の隈取《くまど》りを施《ほどこ》す便宜を考えての選択です。私の一貫した念慮は、日本人の情念を、ひとつの姿かたちとして、観察し検討する試みでありました。

ご覧下さい。これが日本人の実態なのです。日本人が日本の社会に参加して、生きゆく配慮と方向を探る思念が、このささやかな一冊の根本命題であると、ご理解いただけるよう、私は心から願う次第であります。

平成十九年九月吉日

谷沢《たにざわ》永一《えいいち》

目次

## 第2章 嫉妬と私



## 第3章 嫉妬とアカデミズム

## 第8章　男の嫉妬・女の嫉妬

## 第9章 嫉妬の効用



本文デザイン 盛川和洋

# 第1章
# 嫉妬の正体

## 人類は嫉妬をどう見てきたか

嫉妬というのは、世間にたくさんある話題のなかでも、いちばん好ましくないもののひとつです。決して人を陽気にするテーマではないからです。

しかし、嫉妬心が世の中にあまねく存在していることは事実です。そして、それはだれもが知っています。私自身、『人間通』（新潮選書）のなかで「人間性の究極の本質は嫉妬である」と書いていますので、まずその部分を引いておきましょう。

人間の思考も行動も実はすべて情念に発し情念に導かれる。だれにも共通した最も普遍的な最も強い情念は嫉妬である。人間性をとことん煮詰《につ》め煎《せん》じつめたら最後にどす黒い嫉妬の塊《かたまり》が残る。人間性の究極の本質は嫉妬である。人間はどうしても嫉妬から解脱《げだつ》できない。人の世を動かしている根元は嫉妬である。

ただし、いくら嫉妬が「人の世を動かしている根元」だと言っても、嫉妬について書いたり語ったり聞いたりするのはあまり愉快なことではありません。げんに、「嫉妬」というテーマでエッセイを書いて欲しいと依頼され、喜んで書く人は少ないはずです。へたに書こうものなら、「おまえさん、どうしてそんなに嫉妬に執着するンや」と勘ぐられる恐れがあります。そこで、嫉妬について書いたりしゃべったりする場合はまず、「ほんとうは、自分はこんなことは言いたくもないし書きたくもないのであるが……」という顔をするか、そういう前置きをする。そのあとで、自分にはいかに嫉妬心が無いかということを宣伝する以外に手はありません。

古今東西こうした事情は変らず現今に至りました。

嫉妬は悪徳である、つまりマイナスの精神活動である、という固定観念はギリシア・ローマ時代以来、今日まで連綿と続いています。あらゆる思想家は、嫉妬を「善《よ》くないものである」と定義しています。それが常識になっている。例外はほとんど無いといっていい。東西の長い歴史を見渡しても嫉妬を肯定している思想家はまず見当りません。

任意に、西洋の哲学者たちの嫉妬の定義を拾ってみましょう。

嫉妬深い人間は、自らの真実の徳をめざして努力するよりも、人を中傷するのが、相手を凌駕《りょうが》する道だと考える。（プラトン『法律』）

一般に羨望と呼ぶものは一種の悪徳であって、他人に何か善いことがあれば、ある人々はそれを不快に感じるあの生来《せいらい》の邪悪さに存する。（デカルト『情念論』）

人間のあらゆる性質のなかで、嫉妬は最も醜《みにく》い性質であり、虚栄は最も危険な性質である。心のなかのこの二匹の蛇から逃れるのは素晴らしく快《こころよ》いことである。尤《もっと》も、それに替って場所を占める別の二匹、すなわち人間侮蔑《ぶべつ》と傲慢《ごうまん》によって追い出されないことを前提としてであるが。（ヒルティ『眠られぬ夜のために』）

嫉妬は悪口の対象でしかないのがおわかりでしょう。

それゆえわれわれも、他人から嫉妬深いと思われることはできるだけ避けようとします。假《かり》に自分が内心で嫉妬していようとも、そう見られるのは好ましくないから極力それを隠そうとします。何喰わぬ顔をする。

だから嫉妬について書いたり語ったりすることは避けたいと思うわけです。山内昌之《やまうちまさゆき》氏は新潮新書から『嫉妬の世界史』という本を出していますけれども、彼の場合は東京大学教授〔現・武蔵野大学特任教授、東京大学名誉教授〕だからいいのです。しかもテーマは「嫉妬の世界史」。世界史上のエピソードを列挙するだけですから、あまり差《さ》し障《さわ》りはありません。ところがこれが二流、三流の私立大学の教授だったらどうなるか。おまけに、嫉妬が渦巻くどす黒い心理のヒダにあれやこれやと分け入ろうものなら、「あいつはなぜ、そないに嫉妬に関心があるンや」と白い目で見られること必定《ひつじょう》です。

このように嫉妬というのはたいへん好ましくない話題ですから、いかにうまく書こうとも読者の気持を暗くしてしまう恐れがあります。その危険性は十二分にある。したがって私も、読者のみなさんの気分が落ち込まないよう、せいぜい、気配りにつとめながら話を進めていきたいと考えています。

## 松下幸之助の画期的な名言

前述したように、二千年いや三千年以上つづくヨーロッパ文化史を通じて嫉妬を肯定的に評価した哲学者は、私の知るかぎりひとりもいません。

ところがよくよく考えてみたら、そんな人類の文化史・思想史の流れを一挙に引っくり返した人がひとりだけいました。それも、わが日本に――。

松下電器〔現・パナソニック〕の創業者・松下幸之助《まつしたこうのすけ》です。

昭和二十八年に、松下幸之助の談話を集めた『ＰＨＰのことば』という本が出版されていますが、そのなかで彼はこう喝破しています。

心的法則の一つに嫉妬心というものがあります。これは一つの法則であります。人間にはこういう嫉妬心があるということを、お釈迦《しやか》さまも言っておられるのですが、しかしこれはお釈迦さまがつくったのではありません。宇宙根源の力によって人間に与えられた一つの法則であります。お釈迦さまはそれに気づかれたのであって、それはちょうど、ニュートンが万有引力を発見したのと同じであります。そこでこの法則をどう扱うか、ということが問題になるのであります。この嫉妬心は宇宙の法則として与えられている限り、これを取り除くことはできません。あたかも万有引力をなくすることができないのと同じであります。ところがこれを宇宙の法則であることに気がつかないと、かえって人間を不幸におとしいれるのであります。しかし、なくすることはできないといって、また濫用《らんよう》すると非常に醜い姿になります。無茶苦茶に嫉妬心をあらわしてしまうと、これは法則を生かしても精神の健康に役立つとは限らない。（中略）そこで、嫉妬心は狐色に程よく妬《や》かなければならないのであります。すなわち、狐色に妬《や》くと、かえって人間の情は高まり、人間生活は非常に和《やわ》らいでくると思うのであります。

嫉妬とは万有引力のごときものである。万有引力はこの地球に具《そな》わったものであり、宇宙の法則であるから、それを人間の腕力ないし精神力で引っくり返したり少なくしたり薄《うす》めたりすることは絶対にできない。それゆえ嫉妬は取り除くことができないと心得るべきである。ただし、その嫉妬も狐色に程よく妬くなら、かえって人間の情は高まってくるように思う、と見抜いたわけです。

これだけ見事に「嫉妬」に対する見方を逆転させた思想家はいません。世界思想史を書くとすれば、松下幸之助のこの言葉を引いて特筆大書《とくひつたいしょ》すべきでしょう。ところが、私の知るかぎり、世界の思想を論じてこの名言に言及した人はひとりもいないのです。

私がこの文章を知ったのは、松下幸之助の発言にコメントを附す本（『松下幸之助の智恵』）を書いたときのことです。このくだりを初めて目にしたときは、思わず唸《うな》ってしまいました。凄《すご》い人やなあと、心から感銘を受けた。嫉妬という暗い情念から人間を救ってくれる人だと思いました。

いったい、この世に嫉妬に苦しんだことのない人がいるでしょうか。相手がだれであれ、いかなる状況下であれ、人は嫉妬に苛《さいな》まれ苦しんだことがあるはずです。それも一度や二度ではないでしょう。そのたびに、自分はなんと嫉妬心が強いのか、なんと器《うつわ》が小さいのか、と悩んだにちがいありません。しかし松下幸之助はこう看破してくれたのです。あなたがたはみな嫉妬心をもってはるでしょう。それでええンです。嫉妬心はけっしてあなたの欠点でもなければ、あなたの修養が足りないわけでもない。悪い心をもっているわけでもない。当り前のことなんですよ、と。

みずからの嫉妬心をもてあましている人がこのひと言を知ったら、どれだけ救われることか。一気に肩の荷が下りることでしょう。胸のつかえが一瞬にして取れるはずです。

どんなに見事な理屈を並べようと、人間を不幸な気持に陥《おとしい》れたり、人間社会に争いをもたらしたりするような言い方は二流の弁舌です。世に怨念をまき散らす下等な言説《げんせつ》にすぎません。

それに対して、嫉妬を全面的に肯定した松下翁《おう》のこの言葉は第一級の言辞というべきです。嫉妬心を狐色に妬くと、かえって人間の情は高まり、人間生活は非常に和らいでくると思うのであります——そういってわれわれ人間を救い、明るい気持にさせてくれます。

こういう見方こそが真の思想であり、それを言い立てた人こそが本物の思想家と呼ばれるべきです。私が、松下幸之助の嫉妬論は世界思想史上じつに画期的《かっきてき》な名言である、と申し立てるゆえんです。

たしかに、三千年に及ぶ人間の歴史は闘争の歴史だったかもしれません。しかし、だからといって「闘え！」と叫ぶのは、人間社会にトラブルを引き起すだけの呪《のろ》われた思想にすぎません。これはまことによろしくない。また、世に珍しくない宗教者のように、すべては神の定めだから諦《あきら》めなさい、というのも暗い思想でしょう。松下幸之助の思想はそれとはまったく次元を異にしているのです。

松下幸之助は、何かの本を読んでこう喝破したわけではありません。この真理を自分の体験から引き出したのです。

## 天性の「考える人」

松下幸之助は、一生本を読まなかった人です。

十五、六歳のころから自転車屋で丁稚奉公《でっちぼうこう》をしていましたから、晩方《ばんがた》ちょっと時間が空《あ》いたとき、近所の貸し本屋から講談本を借りてきて読んだことがある程度です。ですから、その何年かだけが九十五年生きたこの人が読書をしたわずかな期間であったと言われます。あの人はそれ以降、一行たりとも本を読んでいません。松下幸之助の全言行録をいくら丁寧《ていねい》に調べてみても、彼が本を読んで思想を勉強したという痕跡はまったく見つけることができないのです。

そうであれば、あの卓抜《たくばつ》な嫉妬の定義も彼自身の経験から引き出した独自の洞察だったというべきです。

松下幸之助には学歴がなかったから、書物にすがる習慣はありませんでした。何から何まで実地に即して勉強した人です。言い換えれば、全部自分の頭で考えた人である。徹頭徹尾《てっとうてつび》実際家でありながら、しかしその一方では自分が体得したものを骨子にして考えに考えを重ねることが好きで好きでたまらなかった人であった。天性の thinker《シンカー》、すなわち考える人だったと言うべきです。

松下幸之助はこんな話を語っています。

自転車屋へ奉公して修繕の仕事をしていると、客からよく、おい、坊《ぼん》、タバコ買《こ》うてきてンか、と頼まれた。何度もタバコ屋へ走っているうちに幸之助少年は、いっそカートン（十個か二十個入りの箱）で買い置きしておけばいいじゃないかと考えた。

いまでこそタバコをカートンで買うことはよく見かける光景ですが、明治のその当時、カートンで買う習慣はありません。タバコはひと箱ずつ買うものだと思われていました。

そんな時代に、幸之助少年はカートンで買うことを思いついたのです。しかも、そうするとタバコ屋がひと箱余計にオマケをくれた。その一個分が幸之助少年の儲けになった。小遣《こづか》いになりました。

それを見ていた丁稚仲間が、ああいうことはやめるべきや、と騒ぎ出し、自転車屋の主人に訴え出たから、主人も幸之助少年に、そういうことやさかい、タバコで儲けるのはやめとき、と言わざるをえなかったという。

考えてみれば、幸之助少年の行為によって損害を受けた人は誰ひとりとしていません。タバコ屋は一度に十個か二十個もタバコが売れたたし、客だって別に高く売りつけられたわけではないからです。そして幸之助少年は小遣い銭を貯《た》めることができた。だれの利益も損《そこ》なわれてはいません。

自分が何かを侵害され、そのために被害を受けたのであれば相手を恨《うら》むのは当然です。ところが、幸之助少年の場合は、タバコ一個分の小遣い銭を稼いだからといって、誰も損害は蒙《こうむ》っていない。それにもかかわらず、仲間の丁稚どもは、彼ひとりがうまいことやっているのを目にすると、もう許せないのです。なんや、あいつは、ということになる。ここに嫉妬の原型が見られます。

人間というものは、自分の利害とは関係がなくても、誰か他人が何かのことで利益を得ているのを見ると腹《はら》が立つ。そして、妬《ねた》む嫉《そね》む羨《うらや》む。さらに言えば、その他人、というのが自分に近い存在であればあるほど、嫉妬の炎はますます強くメラメラと燃え上がるのです。

そんな体験を繰り返しながら、松下幸之助は、みずからの嫉妬哲学を練り上げていった。

後述するように、嫉妬をいろいろに種類分けする人がいます。しかし、いちばんの原型は次のように規定することができます。

①自分に何の関係もないのに、
②誰か（と言ってもそれは、自分の目線の届く範囲内の身近な誰か）が、
③その人の智恵・才覚によって何らかの利益を得ているのを見ると、
④悔《くや》しい羨《うらや》ましい気に喰《く》わない……と思って、腸《はらわた》が煮えくり返り、そいつの足を引っ張ってやりたくなる。

これが嫉妬の原型だということはいくつかの俚諺《りげん》からも明らかでしょう。曰《いわ》く——「隣に蔵《くら》建ちゃ儂《わし》ゃ腹が立つ」。あるいは「隣の貧乏、鴨の味」。

## 嫉妬の正体

生理学的に言えば、人間というのは一本の管《くだ》にすぎない。上から栄養分を入れて下から余分なものを排泄《はいせつ》する一本の管である。しかるに、その一本の管には感情というものが備わっている。ここが問題です。

単なる一本の管であれば話は簡単なのですが、そこに感情というものがからんでくるから話がややこしくなるのです。

人間を人間たらしめているものが感情です。言い換えれば、人間はつねに感情に引きずられて生きている。その感情とは、喜びであり悲しみであり怒りである。そして、そうした感情は多くなったり少なくなったり、また高まったり低まったりする。

人間は、そんなふうにいろいろな感情をもっているわけですが、そのいちばんの中心にあるのが嫉妬です。松下幸之助が喝破したように、嫉妬は万有引力のようなものだから、そこから逃れることはできないのです。

人は誰でも嫉妬する。嫉妬からはどうやっても逃れることができない。食欲や性欲はいくら烈《はげ》しくても、ある程度の水準まで満たされればストップするけれども、嫉妬だけは際限が無い。嫉妬心は無限である。

嫉妬は人間性の常態だから一〇〇パーセント解消されることはあり得ないのです。世の中は人さまざまですから、いつも淡々としていて、嫉妬にはおよそ関係なさそうに見える人間もいれば、毎日が嫉妬ではじまり嫉妬で終る人間もいます。しかし、嫉妬とまったく無関係な人間はいません。そんな人間は絶対にいない。およそ嫉妬とは関係がなさそうに見える人も、そう見えるだけで、嫉妬から逃れているわけではありません。程度の差はあるとしても、嫉妬心の無い人間はいないのです。

自分は嫉妬とは無縁な清純人間だと、もし頭からそう思い込んでいる人間がいたとしたら、必ずや世間から嫌われることでしょう。そういう人は自分を、聖人、の高みに置いて他人を見下しているからです。そんな傲慢な人間はだれからも相手にしてもらえない。自分の心情の奥底に暗いカゲがいっさい無いと信じている人は、人間性に不感症のウヌボレ屋にすぎません。

したがって、嫉妬心それ自体を否定することは性欲を全面否定するのと同じく不自然の極《きわ》みです。今日只今《こんにちただいま》から全人類ひとり残らず性行為を完全に廃すこと、という号令が無意味であり不可能であるのと同じく、人間心理の奥底に嫉妬心の芽生えを見出すことのできない思想は、人間性全面否定の暴論というべきでしょう。

それゆえ、問題は、嫉妬心の程度、にあるのです。度外れた嫉妬心が不幸を生むのであって、ある程度までの嫉妬心の発動は、まあ、笑って見逃すにかぎります。

さて、心理学の分野では――嫉妬というのは非常に動的かつ攻撃的な感情で、諦めようとしても諦めきれず、執着が残って相手に対して憎しみをもつところから発生する感情である、と定義されています。したがって嫉妬は憎しみの感情から分化したものである、とも言われます。

私もそのとおりだと思います。

嫉妬の本質は憎しみである。だから嫉妬心が募ると、かなりのインテリでも常軌を逸した行動に走ることがあるのです。あの人が、何でやねン……、と思うようなことをしでかす場合がある。殺人に至ることだってある。それは嫉妬の根底に憎しみがあるからなのです。

嫉妬の本質は憎しみであると言うと、そんな大袈裟《おおげさ》な、と思う人もあるかもしれません。そういう人は、どうぞご自分の胸に手を置いて思い出してみてください。あいつがこの世にいることが許せない、不愉快や、と思ったことはありませんか。一度もありませんか――。あるでしょう。いや、きっとあるはずだ。

その気持が嫉妬の根源であり、また頂点なのです。

## 人はすべてに嫉妬する

人は何に嫉妬するかと言えば、答えは簡単。すべての事柄に対して、である。人はあらゆる事柄に対して嫉妬します。

何が嫉妬の対象になり、何が嫉妬の対象にならないか、ということを詮索《せんさく》したり察知したりすることは、不可能だし無意味です。

ただし、例外はあります。

たとえば、小学校などでは、どのクラスにもひとりかふたり飛び抜けてよくデキる生徒がいます。デキる生徒にもふたつのタイプがあって、さほど勉強しているふうには見えないのにテストではいつも一番というタイプと、もうひとつはガリ勉タイプ。ふつうの子供はそういう生徒にあまり嫉妬しません。

理由の第一は、自分と彼らとの差がはっきり点数にあらわれるからであり、第二は、勉強しないでいい成績を取る子に対しては嫉妬するよりも賛嘆し、ガリ勉タイプに対しては「オレかて、あれくらい勉強すれば……」という思いを抱くからです。

これを逆に言えば、点数にあらわれない社会的行動はどんな場合でも嫉妬の対象になります。

これにも例外があります。常人《じょうじん》とかけ離れた天才に対しては嫉妬することはない。これがもうひとつの法則です。

一般人が横綱・白鵬《はくほう》に嫉妬することはありえないし、松坂大輔《まつざかだいすけ》に嫉妬することもありえない。先ごろイチローがマリナーズと五年で百億円強、という再契約を結びました。そのときイチローは、仮《かり》に年俸五百万円とすると、今度の契約金は弥生時代からプレイしつづけないと達成できない数字なんですネ。年俸一千万円としても、平安時代からプレイしつづけていることになります、と上機嫌で語っていました。そこまでの天才相手には、さすがに嫉妬する気も起らない。また、将棋や碁の名人にも嫉妬することはありません。つまり天賦の才を前にしてはこれはもう致し方ない、と思うだけなのです。

しかし、自分でもできるはずだと思っている分野において、一定の業績を残したり評判を取ったりしている人間は、これはもう許せない。スポーツ選手や碁・将棋の名人には嫉妬しないのに、時として藝能人《げいのうじん》に対しては嫉妬心を抱くことがあるのは、人々が自分だってやればできる、と思っているからです。

したがって――姿かたち、顔つき、力量、それから地位、収入、人気、成績、実績、どんなことでも嫉妬の対象になると知るべきでしょう。

私が勤めていた大学《アカデミズム》の世界では、著書を出版するというのは許すべからざる悪徳でした。みながみな本を出していればいいのですが、ひとりだけ突出して本を出したら嫉妬されます。しかも、それが岩波書店からの刊行であったりしたら……嫉妬の炎が舞い上ったものです。

親しい人間が誰かに褒《ほ》められると、それもただちに嫉妬の対象になります。どの世界にもいると思いますが、将来を嘱望《しょくぼう》されている人、出世するという評判の立っている人、多くの友人に恵まれている人、それから財産のある人――これはみな嫉妬されます。ことに若くして業績を上げたりすれば、妬《ねた》まれるし嫉《そね》まれる。

何でも嫉妬の対象になるわけですから、清貧、と言われている人も嫉妬されます。あいつは清貧を売り物にしとる、売名行為やデ、と言ってやっかまれるわけです。

しかも、ヤル気のない人間、実績のない人にかぎって嫉妬心が強いから、これが困りものなのです。「ヤル気がないなら放《ほ》っといてくれ」と言いたいところですが、それがそうはいかないのが世間というもの。兎角《とかく》に人の世は住みにくい……。

## 嫉妬と羨望

嫉妬と羨望はどう違うか、という議論があります。
たとえば、精神分析学者の岸田《きしだ》秀《しゅう》氏はこう書いています。

一般的には、嫉妬は自分の所有するものを第三者に奪い取られたとき、または奪い取られそうになったとき、または奪い取られるのではないかと疑われるときの感情、羨望は自分の欲しいものを第三者が所有しているときの感情とされていて、嫉妬と羨望は区別されているようです。たとえば、自分が男であるとして、自分の妻なり愛人なりが他の男と浮気した場合に感じるのが嫉妬、自分があのようなすばらしい女をものにできたらどんなにか幸福であろう、と思えるような女を他の男がものにしている場合に感じるのが羨望、というわけです。（『嫉妬の時代』）

恐縮ながら、どう考えても、両者がさほど違うとは思えません。だから岸田氏も上のように語ったあと、しかしぼくは、嫉妬と羨望とは本質的に変わりはないと考えています、とつづけています。

では、どうして、嫉妬と羨望はどう違うか、という議論が生れたのか。

私は、フランスの人間性探究者《モラリスト》であるラ・ロシュフーコーが要《い》らんことを言ったために厄《やっ》介《かい》な話になった、と見ています。ラ・ロシュフーコーは有名な『箴言《しんげん》と考察』の「箴言」28のなかでこう書いています。

嫉妬（jalousie《ジャルジイ》）は、われわれのものであるか、あるいはわれわれが自分のものだと思っている或《あ》る一つの財産を保存することだけに目をつけているので、或る意味では正しくもあり、道理にかなったものでもある。ところで羨望（envie《アンヴィ》）は、他人の財産をだまって見ていることのできない激烈な情熱だ。

ここが昔から問題になっている箇所です。

「嫉妬」と「羨望」はどこがどう違うのか。明治時代からつい最近まで、『箴言と考察』のこのくだりを訳すとき、訳者たちは、jalousie《ジャルジイ》とenvie《アンヴィ》を別の言葉で訳し分けなければいけないと思い込んだ末、いろいろに訳してきました。

しかし白水社の大きな『仏和大辞典』を見ると、じつに簡単な話なのです。——羨望

(envie) とは嫉妬 (jalousie) である、と記してあるからです。じつは「嫉妬」も「羨望」も同じ意味だったのです。

その白水社の『仏和大辞典』によれば、jalousie には「ブラインド」(日除《ひよ》け) という意味もあります。それをうまく使ったのが、一時流行したアンチ・ロマン (反小説) のアラン・ロブグリエの『嫉妬』(原題は La Jalousie) という小説でした。

妻が自分の友人と浮気をしているのではないかと、主人公 (といっても作品には登場せず、ほのめかされるだけ。このあたりが反小説の反小説たるゆえんであろう) はふたりの仲を疑う。しかし、ふたりは下ろされたブラインド (jalousie) の向うにいるので、ほんとうに不倫の関係にあるのかどうかわからない。それだけに夫の嫉妬 (jalousie) はますます募る。これがロブグリエの考え出した趣向です。

このように、jalousie という言葉にはいろいろな意味があるようです。とすれば、それが「嫉妬」という意味で用いられようと、「羨望」という意味で使われようと、さほど神経質にならなくてもよさそうです。

日本語でも「羨望」と「嫉妬」を分けて考える習慣はありません。ラ・ロシュフーコーにしても「箴言」だからわざわざ違う言葉で対比・対照させたのでしょう。文章の調子で、あるときは「羨望」と書き、あるところでは「嫉妬」と書く。原稿用紙一枚のなかに同じ言葉が並ぶのを避けたいとき、別の言葉を使うようなものです。最近は類語辞典が盛んに出版されているようですが、嫉妬と羨望も類語と考えればいいのです。

それにもかかわらず、どうしてもちがう言葉に訳さなくてはならないと苦労してきたのが高橋《たかはし》五郎《ごろう》から二宮《にのみや》フサ氏に至るまでの翻訳家たちです。そのため、かえって意味が通らなくなってしまったというわけです。

話は簡単なのです。他人の幸福が我慢できない――これぞ、嫉妬の本質。先に「隣に蔵建ちゃ儂ゃ腹が立つ」という俚諺を引きましたが、その言葉どおりです。そうであれば、これを「嫉妬」と訳そうが「羨望」と訳そうがどちらでもかまわないのです。

あえて言えば、他人が羨ましい（羨望）というのは、妬ましい（嫉妬）という感情よりボルテージがちょっと弱いと言えるでしょうか。「あの人、羨ましいなア」と羨望するのと「あの野郎ッ！」といって嫉妬するのとでは、後者のほうが感情の濃度が高い。気持が強烈で、容易に諦めがつかない執着が感じられる。それに対して前者は諦めにつながりやすい。まあ、それくらいの差しかないように思います。

嫉妬も羨望も、他人の存在を肯定的に評価することができないということの一点に尽きます。野郎、いやらしいヤツやな、と思うことでは同じである。だから、これをふたつに分けて考えても無駄なのです。

すなわち、羨ましいから腹が立つ。腹が立つのは妬ましいからである。

ここに漢字の悪い面が出ているように思います。漢字にはシノニム、つまり同義語がたくさんありますから、それをなんとか使い分けてやろうという衝動に駆られます。しかし漢字に同義語が多いのは、漢詩をつくるとき韻《いん》を踏まなくてはならないからです。そのため、漢詩の国では、同じことをいくらでも言い換えられるようにと同義語をたくさん生み出した。滑《なめ》らかでよく書けているという文章は、じつは同義語を巧《たく》みに使い分けているにすぎない場合がほとんどです。

嫉妬と羨望もその類だと思えば、まず間違いありません。

## 「羨望」は避けられる

それでも、嫉妬と羨望をどうしても使い分けたいというのであれば、嫉妬は避けることができないけれど羨望は比較的ラクに避けることができる、と言えばいいのではないでしょうか。

目に立つようなことをしなければ羨望されることはありません。

「グッドウィル」の〈元〉会長・折口雅博《おりぐちまさひろ》氏の田園調布の家の坪単価は五百五十万円で、坪数が百二十坪。そして、同じ田園調布の駅前には、別に三百二十坪の土地が買ってある。さらに軽井沢には二千五百坪、時価三十億円の別荘が……。ここにはプール、ボウリング場、フットサル場が完備していると言います。

これ見よがしに、こんなことをしなければいいのです。ここまでやったら子供じみた威張り方としか言えません。週刊誌や新聞で豪邸、と書かれるような家さえ建てなければ羨望されることはありません。

「起きて半畳、寝て一畳」という言葉があります。半畳もあれば起きていることができるし、寝るにも一畳あれば十分だ。人間の住居はそんなに広い必要はないのです。

私の住む花屋敷（兵庫県川西市）周辺を散歩すると、時々豪邸を見かけます。家の前にわざわざ水を引いて橋を架《か》けてある邸《やしき》もあります。そんな家の表札を見ると、あまり聞いたことのない名前です。紳士録にも載《の》っていない。つまりは、闇の紳士なのでしょう。世間には大っぴらにできないような手段でカネを儲けた人士《じんし》と推察されます。したがって社会的尊敬は受けられない。その反動として、これみよがしに豪邸を建てた哀《かな》しい人なのです。

わが家の近所にはサントリーの二代目社長・佐治敬三《さじけいぞう》さんの自宅もありましたが、これはごくふつうの家。日清紡の会長をつとめた宮島清次郎《みやじませいじろう》さんも近くに住んでいましたが、これも当り前の家。宮島さんは吉田茂《よしだしげる》の経済方面の指南番だったからかなりの実力者であったにもかかわらず、地味に住みなしていましたし、佐治さんは周知のように世界的な金持ちでしたけれど、それをそうと周りには悟らせなかった。このあたりが折口雅博氏との違いでしょう。

羨望は避けようと思えば避けることができるのです。

しかし嫉妬は避けられません。それはほとんど不可能に近い。私が何の意図もなく何の目的もなしにやっていることが、他人からすればたいへんな嫉妬の対象になることもあります。したがって、嫉妬を避けようといくら努力しても、それは無駄。何であろうが嫉妬の対象になるわけですから、「こうしてはダメだ」「こうすれば嫉妬を避けられる」という特効薬のようなものはありません。

## 嫉妬の発生

われわれ人間は、心のどこかで恐れを抱いています。

では、いちばん恐れているものは何か。自分以外の人間ではないでしょうか。人はみな自分以外の人間にひそやかな恐れを抱くのです。まさに、世は敵、である。

ところが、たいへん矛盾した話ですが、たったひとり孤独に生きていくことができないのもまた人間の本性です。江戸時代の儒者・伊藤仁斎《いとうじんさい》もこう言っています。

人の外に道無く、道の外に人無し。(『童子問《どうじもん》』。私は『日本人の論語』でこの文章を、「世に生きる人間から離れた道理はなく、道理と無縁なれば人間は社会に生存できない」と現代語訳しました)

馬の仔《こ》は生れるとすぐ、ヨタヨタしてはいるけれども四本足で歩きます。牛もそうだし象もそうだ。ということは、動物はみな、馬は馬として、牛は牛として、象は象として生れてくるわけです。ところが人間の赤ん坊はそうではない。生れたての赤ん坊はとことん介護してくれる人がいないと生きていけない。少なくとも二年間ぐらいは面倒を見てもらわないことには生きられない。すなわち、人間は人間として生れてくるのではなく親を代表とする他者の介護によって人間になるのです。

人間になるのは二歳か三歳か。そのとき、嫉妬の感情もまた生れます。

人間が最初に感じる嫉妬は弟や妹が生れたときでしょう。

生れたばかりのときは、母親も大事にしてくれますから精いっぱい甘えて満足している。ところが二年か三年たって弟や妹が生れると、母親は下の子にかかりっきりになる。それまで自分だけに注がれていた母親の愛情が下の子のほうへ移ってしまう。それを感じたときの二歳児、三歳児の嫉妬心。これがまず人生最初の難関となります。淋《さび》しさ、孤独感、疎外感。ここで嫉妬心を覚えない人間はいません。人間であるかぎり、ここで必ず嫉妬心を抱きます。

そのとき現われるのが心理学でいう退行現象です。わざと、いま生れたばかりの赤ん坊のような幼稚な振る舞いをする。自分も生れたばかりの赤ん坊と同じように扱って欲しいと、母親に要求しているのです。嫉妬心が十二分に芽生えたことを意味する現象と言えます。

そこで、上の子は新しく生れた子供にイケズをする。すなわちイジワルをする。いうまでもなく、母親に可愛がられている弟や妹への嫉妬心の発露《はつろ》です。

こうした感情はなにも個人だけのものとはかぎりません。国家間にも生じます。いちばんいい例が日本に対するコリア人の嫉妬でしょう。

周知のように、コリア人は古くからチャイナを理想とし、チャイナ化することがすなわち文明化することだと信じていた。したがって、チャイナの属国と化すことも厭《いと》わなかった。いや、むしろ喜んで属国となった。人名もチャイナふうに変えた。ところが、東海の小島の国・日本は同じ道を選ばなかった。そこで彼らは日本を非文明国とバカにしたのである。あるいは、日本に佛教《ぶっきょう》や漢字を伝えてやったので、わが国は日本の兄貴分だ、と考えた。

ところが、近代に入ってみると、日本は富国強兵策を通じて西欧列強の仲間入りを果したのに、自分の国は旧態依然として停滞したままである。文化史を振り返ってみても、日本には『万葉集』や『源氏物語』といった優れた文藝作品があるのに、コリアにはこれといった作品が無い。どこをどう探しても見当らない。韓国最古の史書は『三国史記』といいますが、これが編集されたのは十二世紀。『日本書紀』や『古事記』がまとめられたのが八世紀ないしは十世紀より以前であってみれば、四百年以上も後れている。

ふと気がついてみたら、弟分だと思って見下していた日本が、わがコリアよりはるか先を走っているではないか。そう知ったときの彼らの心のうちはどうであったでしょう。

日本が妬《ねた》ましい、許せないと、嫉妬に猛《たけ》り狂ったことは言うまでもない。

だから彼らコリア人は、ことあるごとに日本に対してイケズをするのです。曰く、日本文化にはオリジナリティがない、すべてわが国のコピーではないか、日帝支配三十六年のウンヌンカンヌン、と。

日本に対するコリア人の感情こそ、嫉妬の絶好のサンプルと言えます。

## 嫉妬の展開

弟や妹が生れて嫉妬を覚えたあと、幼稚園、小学校の時期がやってきます。

嫉妬の母体になるのは自我（エゴ）ですが、幼稚園や学校へあがって子供同士で交《まじ》わるようになると、その自我（エゴ）が脅《おびや》かされるようになる。大勢の同級生を目の前にすると、なんでこんなヤツらが仰山《ぎようさん》おるンや、と思わざるをえない。自分以外の人間が大勢いることに驚き、自分以外の人間にひそかな恐れを抱くようになる。

二〇〇六年、ノーベル文学賞を受けたトルコ人作家オルハン・パムクの自伝『イスタンブール』にも、そんな感情を綴ったくだりがあります。


兄が家で「僕の先生、僕の先生」と熱心に言うので、あたかも誰かの乳母であるかのように、どの生徒にも個人の先生がいると思っていた。翌年同じ学校（小学校・谷沢注）

に通い始めると、教室に詰め込まれた三十二人に一人の先生しか行き渡らないのを見て、家の気楽さや母から遠ざかることの憂いに、大勢の中のひとつの点であることへの失望も加わるのだった。

人間は他人がいなければ生きていけない。しかし他人がいるということは自分の感情に波風を立たせる。かくして、他人が鬱陶《うっとう》しい目障《めざわ》りだ腹が立つ……と思うようになる。これも嫉妬の一種と言っていいでしょう。嫉妬が昂《こう》じて頂点に達すると、あいつがこの世の中にいること自体、許せない。不愉快や、と思うことからも、それは明らかです。

しかし、人間は人間のあいだでしか生きられません。としたら、そのとき最後の拠《よ》りどころになるのは何であるか。

評価――である。

自分が自分以外の人間（つまり世間）からいかに評価されているか、つまり自分がどれだけ必要とされているか――これしか拠りどころはありません。もっと言えば、認められたい、褒められたい、必要とされたい、という感情、思い、欲求。これが人間の生きていく根本となります。そこから、精神の喜びも煩《わずら》いも生れてくる。当然、嫉妬だって生れてくる。

人間というのはウヌボレと欲の塊《かたまり》ですから、誰もが自分を最高度に評価して欲しいと思います。また、高く評価されてしかるべきだという思いは消えません。したがって、自分は認められていると思っているとき、たいていの場合、自己評価は他人が下す評価より高いのが普通です。だからこそこの世に生きてゆけるのだとも言えますが、さて、しかし——どう差っ引いてみても、自分より評価の高いヤツがいる。

そこで嫉妬したり羨んだり諦めたり憧れたりすることになるわけです。

これが世に交わるということです。

弟や妹が生れて嫉妬を覚え、幼稚園や小学校では同世代の仲間と交わって、落胆したり優越感を覚えたりする。そうした交際のなかで、親の愛情を奪い合い、先生や仲間の評価を競い合う。それがいくらシンドイといっても、その関門をくぐり抜けなければ生きてはゆけないのが人間です。しかし、そうしたなかで、また生きる智恵もつけていくわけです。

確かに、親の心が弟や妹のほうへ向っているのは淋しい。そこで、下の子にイケズをする。しかし、イケズばかりもしてはいられない。ひとつ屋根の下に何人かの兄弟姉妹がいれば、お互いに爪を立てて戦うばかりではなく、いっしょに仲良くやっていくことも学ぶようになります。

また、比較、ということも覚えます。弟や妹の知能や運動神経は自分よりも上なのか下なのか。他者がひとつの能力の塊として目に映《うつ》るようになる。さて、そこで考える。自分にはそういう能力が有るのか無いのか、と。あるいはその能力が自分のほうが優れているのか劣っているのか。そういう比較をするようになる。それによって愉快になったり不愉快になったりするけれども、それが人間の精神的成長につながっていくのです。

その意味で、兄弟姉妹が大勢いることは子供の成長にとっては非常にいいことです。ひとりっ子というのはまことにもってよろしくない。学校へ上がるまで比較、ということを知らず、社会性を身につけるチャンスがないからです。

チャイナでは長らく「ひとりっ子政策」が行われ、日本では少子化が問題になっています。ともに、嫉妬心の処理方法を学ぶチャンスがないから、淋しさに耐えながら自分を鍛《きた》えていくという成長過程を阻害する要因になります。今後、こうした少子化やひとりっ子政策の歪《ゆが》みがどういうかたちであらわれるか。意外に大きな問題になるような気もします。

ちなみに、十八世紀以降の欧州《ヨーロッパ》では、そもそも学校制度がないのですから、貴族階級は、名声の高い文化人を家庭教師に雇《やと》いました。それゆえ、貴族の子弟は、競争者のいない状態で育ちます。彼らが自分を尊貴な身分であると自覚し、庶民を見下ろすと同時に、貴族的な義務の感情を培ったのは、そのような条件のもとに成長したからです。学校制度は果して万能でしょうか。少なくとも、公立の学校が果して必要であるか否か、もう一度じっくり考え直してみるべきであるかもしれません。

# 第2章

# 嫉妬と私

## 嫉妬どころではない劣等生人生

私は旧制中学へ入ったときから劣等生で、それから新制大学を卒業するまでの十年間、地を這《は》うような劣等生人生をすごしました。そのため、かえって嫉妬心とは無縁でいられたように思います。

昭和十七年に私が入学したのは名門・大阪府立天王寺中学（旧制中学）でした。なぜそんな名門校へ入れたのかといえば、これはもう運としか言いようがありません。

日本陸軍は昭和十五年ごろから文部省に横槍を入れ、小学生に受験勉強をさせると近眼が増え、将来の大事な兵士を損《そこ》なうことになる。それゆえ、近眼防止のためにも入学試験は簡素化せよ、と申し入れました。もっとも、全部やめろとは言えないから、せめて歴史だけにしろ、ということで、私の前の年の試験科目は歴史だけでした。ところが私の年からは、その歴史も無くなって、入学試験は全廃されたのです。では何を基準にして選抜したのかと言えば、内申書《ないしんしょ》と面接。そういう制度に変らなければ、私の学力ではとても天王寺中学には入れなかったはずです。

当時、大阪の天王寺区には小学校が九つありました。一流、二流、三流というランクづけで言えば、私の通っていた大江小学校は一般の評価において三流でした。現に、大江小学校のすぐ前にあったタバコ屋の息子は勉強がよくできたので、自分の家の目の前に小学校があるのに、わざわざ遠くの五条小学校まで越境入学していました。五条小学校のほうが大江小学校よりレベルが高かったからです。

つまり、大江小学校だったから、私のような者でも学年の上位にいられたわけです。

当時、一流といわれたのは常盤《ときわ》小学校、陸軍関係の偕行社《かいこうしゃ》附属小学校、作家・開高健《かいこうたけし》の出た北田辺小学校でした。そうした名門校とわが大江小学校とでは学力に格段の差がありましたから、内申書の点数は同じでも、実力にはかなりの開きがあったはずです。ところが天王寺中学の入学に当っては、そういう一流の連中の成績も私の成績も同じ数値として附き合わされる結果になりました。そのおかげで、私でも天王寺中学校に入ることができたのです（あとで聞いたところでは、私は三百人中の百二十番前後で入っています）。そんな私が言うのもナンですが、不公平この上もない話であります。

当然、入ってからは苦労しました。周りはたいへんな学校秀才ばかりですから、中学一年の科目ぐらいは小学校のときに済ませている。先生もあ、そうか。ほな、飛ばそ、といってどんどん先に進んでしまう。ところが、私はごく普通の小学生だったから、まるでついていけない。

入学早々、国語の先生が辞書の話をして、「辞書はみなさんのお家《うち》にも備わっているはずですが、もし無いようでしたら相談にきなさい」というので、教壇のすぐ前に坐っていた私はつい気軽に、「家《うち》にも小《ちつ》ちゃいのが……」と声を上げてしまいました。すると先生が、「それは何という辞書ですか」。「はい、『掌中《しようちゆう》伊呂波《いろは》字引《じびき》』という……」。嗚呼《ああ》、その時の先生の哀れむような表情。それはいまだに忘れられません。

わが中学生活はこの一事をもって推《お》して知るべし、です。

一応勉強しようと思って、辞書も参考書も単語帳も揃えましたが、どうしても勉強する気になれない。やる気が出ない。当時から古本屋へ出入りしていたから本だけは読んでいましたが、勉強はまったくダメ。

そのときから今日にいたるまで、私は人から何かを教わって、言われたとおりに記憶したり体を動かしたりしたことはありません。やろうとしてもできないのです。だから外国語もしゃべれなければ車の運転もできない。習い事もいっさいダメ。

さて、天王寺中学一年生の二学期の期末試験。昔は全員の成績を貼り出しましたから順位は一目瞭然です。いまでも覚えておりますが、三百人中の二百四十八番。百二十番で入学、八か月後には二百四十八番の劣等生に転落していたわけです。

当時の私は、何事であれ、母には隠し事をしませんでしたから成績表も見せました。すると、母、曰く――勉強しすぎて体こわしたらアカンさかいナ。父も仕事に忙しくて子供の成績などにかまっていられなかったから、何か小言《こごと》を言われることはありませんでした。

そこで私は諦めてしまったのです。

相手は全然人種のちがう学校秀才なのだから、彼らと張り合ったところで仕方がないではないか。そのあたりが私の致命的な欠陥なのですが、競争意識が芽生えていないのです。級友と自分を比較して頑張ろうという精神がまったく無い。張り合うのは億劫《おっくう》だと思ってしまう。生来《せいらい》のシンドガリ（大阪弁で辛労を激しく感じる型《タイプ》）なのです。

かくして私は、勉強をしてもムダであるという悟りを開き、最後まで劣等生ですごすことにしました。

考えてみれば、私がまともな点数をもらったのは小学校時代と大学院時代だけです。いわば、学校、という名のつく制度の両端、その入口とその出口においてだけでした。そのあいだは、ひたすら地を這うような劣等生人生。

これでは嫉妬心が芽ばえようはずがありません。自分も彼らと競っていれば、デキる同級生に嫉妬もしたでしょうが、こっちは最初から投げてしまっているわけだから、嫉妬する資格などないし、そんな気持も起らない。人種が違う、と見定めた秀才相手では、嫉妬心も何も湧《わ》いてこないのです。国語だけは例外的に出来ましたが、それ以外の科目はみんなダメ。いまだに外国語はできないし、物理も理科も数学もわからない。誰かに嫉妬するというレベルではなかったのです。

## 「世の中、嫉妬で動いてまんねン」

私が二年生になったのは昭和十八年です。戦局は困難をきわめ、私たちは勉強そっちのけで塹壕《ざんごう》掘りや貯水池づくりをやらされました。

三年生になると、学業は完全に停止。大阪・津守《つもり》の工場街にあった植田《うえだ》鉄工所へ毎日、勤労動員で通いました。これは私のような劣等生にとっては願ってもない話でした。とにかく、勉強を強《し》いられないで済むからです。

私が嫉妬の集中砲火を浴びたのは、その植田鉄工所へ通いはじめたときです。

入所式を済ますと、植田社長が「設計部でひとり欲しいといっているから設計のできる者は手を上げろ」といったので、私は何気なしに手を上げました。

私の父はもともとが大工で、家には大工道具、設計図、コンパスが全部揃っていましたから、私も設計図ぐらいは見様見真似《みようみまね》で描けたのです。そこで私だけが設計部へまわされて、静かな部屋のなかで設計図に線を引いていました。ほかの連中は、毎日油まみれで工作機械と格闘している。私だけ涼《すず》しい顔をしている。それを見て、突如みんなが私を憎みはじめたのです。

工場へ通いはじめて数か月がたった或《あ》る日、仲間の代表が設計室を訪れてくると、「明日の終業後、学級全員で谷沢に鉄拳制裁を加えることにした」と宣告しにきました。その晩、私は父の道具箱から手ごろなノミを取り出すと、布にくるんで鞄《かばん》にしまいました。

翌朝、私が靴《くつ》をはこうとしているときです。母が言いました。「兄ちゃん、ちょっと待ってンか。その鞄、なか開けて見せとくなはれ」。私の顔つきから、どうやらお見通しだったようです。仕方なくこの間の経緯を話すと母はこう言いました。

「兄ちゃん、しょうむないこと考えなはんな。人様《ひとさん》の世の中はな、嫉妬《へんねし》で動いてまんねん。みんな嫉妬の塊やねん。ちょっとの我慢なんかラクなもんや。人に怪我《けが》さしてええことおまへん。そのノミ、置いてきなはれ」

母のこの言葉も、松下幸之助と同じく、みずからの体験から生れたものでした。

当時、私の父はもう大工の棟梁《とうりょう》ではなく、大阪で五本の指に入るといわれた泉岡《いずおか》家の総支配人に抜擢《ばつてき》されていました。泉岡家というのは数えきれないくらいの借家をもち、そのうえ料亭や商店を経営していた大資産家です。父は昭和十二年にそこの総支配人に引き上げられると、それまでの半纏股引《はんてんももひき》姿から背広の三つ揃いにネクタイを締める身分に変っていましたが、母はそれをだいぶ気にしていました。大工が大店《おおだな》の総支配人に出世したのを見て、一体全体、世間がどう思うか。どんな目で父や母を見るか。

母は、世間の嫉妬というものを痛いほどわかっていました。

だから母は、父の月々の給料を貯金するにもわざわざ遠くの銀行まで行っていました。家の近所には三和銀行がありましたから、そこへ行けば簡単に済んだはずなのに、母は市電の駅でふたつ向うの住友銀行まで通っていた。たかが元大工の女房が銀行へ出入りしているのを見られたら他人《ひと》さまからどんなことを言われるかわからない、と思ってのことです。世間の嫉妬にはそれくらい気を使っていました。

母の、人様《ひとさん》の世の中はな、嫉妬《へんねし》で動いてまんねん。みんな嫉妬の塊やねん、という言葉も、そうした経験のなかから生れた哲学でした。

## 競合しない相手には嫉妬はしない

この先はちょっと駆け足で進みます。

四年生のときに終戦。戦争が終って勤労動員もなくなり、これからはまた学校生活を続けなければいけないのかと思うと、悲しくなったことを覚えています。

五年生のとき、河上肇《かわかみはじめ》の『第二貧乏物語』を読んでマルクス・ボーイになった私は、学校でひと騒動起しました。「天中（天王寺中学校）民主化」を訴えるガリ版刷りの新聞を、校門のところで仲間の学生に売りつけたのです。それを知った先生たちが騒ぎはじめ、その日は天中史上空前の全校休校。

そんな騒動を引き起し、成績のほうも芳《かんば》しくなかったのに、なぜ私が卒業できたのか。谷沢を留年させると、わが校に黴菌《ばいきん》を培養することになる。だから卒業させてしまえ、という超法規的措置のおかげでした。

中学を卒《お》えると、秀才たちは大阪高等学校などの名門高校へ進みます。ところが私の場合は、いっさい勉強しなかったから中学を出ても行ける学校が無い。すると、私淑《ししゅく》していた在野の哲学者・藤本進治《ふじもとしんじ》先生が「君でも行ける学校が一か所だけあるぞ」と教えてくれたのです。それが関西大学の予科でした。

予科というのは、まあ旧制高校のようなものです。関西大学予科の入試科目は英語と国語と作文の三科目。英語はともかくとしても、国語と作文は得意だったから、まさに願ったり叶《かな》ったりでした。

こうして関大予科へ入って一年たった昭和二十三年、今度は学制改革で旧制予科が新制・関西大学へ移行することになり、私は期せずして大学生になることができました。予科教授も大学教授になれると浮き足立っていた時期ですから、これはまあ、お互いさまでしょう。

大阪の鬼門《きもん》・千里山《せんりやま》にある関西大学は、「試験は寛大（関大）、落第はせん（千）里山」といわれたくらいですから、私は三年生の秋の十一月まで一歩も大学キャンパスに足を踏み入れませんでした。父が自宅二階の奥に書斎をつくってくれたので、ずっとそこで本ばかり読んでいたのです。

それでもどうにか卒業ができたのは、学制改革の混乱期にあったため、四月に履修届を出した科目の受験機会はその年度末に限る、という当り前の規定が抜けていたからです。私は履修届だけ出しておいて、三年の秋に全科目を固めて受験しました。かくして大学もまた辛《かろ》うじて卒業することができた次第です。

そんな大学生活ですから当然、嫉妬とは無縁でした。

第一、学校へ行かないのだから同級生とはまったく附き合いがない。人間、附き合いのない相手に嫉妬することはありません。

また、大学へ行かずに本を読んでいたとき、私は『えんぴつ』(昭和二十五年一月創刊)という同人雑誌をつくって開高健らと親しくなりました。同人のなかで開高の文才はひときわ抜きん出ていましたが、私は開高の才能に嫉妬することはありませんでした。なぜなら開高は小説一本だったからです。それに対して私のほうは、小説を書くつもりなどさらさらなく、評論じみたことを書いていました。つまり、方向がまるでちがった。したがって開高の才能に嫉妬を覚える必要がなかったのです。

競合しない相手に嫉妬することはない、というのも嫉妬の原理のひとつです。

私がもし小説に色気があれば開高の才能を嫉妬したことでしょう。げんに『えんぴつ』で小説を書いていた連中はみな開高に強烈に嫉妬していました。しかし私の場合は、土俵がちがったから嫉妬から免《まぬか》れることができたのです。

こうして振り返ってみると、みずから劣等生の道を選んだり、大学キャンパスを敬遠したり、あるいは開高とは別のジャンルに進むことによって、嫉妬の年齢をうまい具合にやり過ごすことができたと言えそうです。

## 嫉妬された経験

そんな私でも嫉妬されたことは何度かあります。

順を追って記せば、まずは関大の助手に採用されたとき。

劣等生の私がなぜ関大の助手になれたのか——。

三年の秋、大学へ顔を出すようになったとき、国文学科の教授三人の前で発表した「斎藤《さいとう》茂吉《もきち》の方法」という研究発表に金子又兵衛《かねこまたべえ》先生はじめ三教授が目を留《と》めてくれたからです。四年の秋、金子先生に呼ばれて広壮なお宅に参上すると、将来、君に関大教授として近代文学を担当させたいので、卒業したらとりあえず助手に採用しようと思う。その心づもりでいて欲しい、という。これには文字どおり吃驚仰天《びっくりぎょうてん》。

だが世の中、そう甘くはない。それまでの学業成績や私の思想（マルキシズム）、さらには教授同士の思惑もからまって私の助手採用には待ったがかかりました。

それでも金子先生は足掛け四年、私を助手にすべく粘《ねば》ってくれた。毎年、教授会に谷沢を助手にとりたい、という提案を続けてくれたのです。だけれど、毎年それが否決されるのが年中行事みたいでした。四年目の昭和三十年十月二十四日の文学部教授会でもまた否決されるはずでした。ところが午後五時すぎ、千里山一帯はまったく予告なしの停電になった。秋も深まった時期だけに日の暮れるのは早い。しかも当時は停電が頻繁《ひんぱん》にあり、いったん停電するといつ復旧するか見通しが立たない。先生がたにすれば谷沢の助手採用問題、の検討はこれでもう四回目、いい加減ウンザリしていた。しかも、どんどん暗くなる会議室などにいたくはない。早く家へ帰りたい。そこで誰言うとなく、早く問題に決着をつけ、閉会しようではないか、という声が上がり、疲れきっていた教授会は谷沢の助手採用、を可決して散会したのでした。

したがって、私が助手に採用されたのも停電のおかげ。ほんとうの偶然でした。僥倖《ぎょうこう》としか言えません。

しかし、他人の僥倖くらい妬ましいものはない。とりわけ、私の前後二、三年の関大国文科の卒業生で、大学に残りたい、と思っていた連中はみな腹のなかで私に嫉妬していたはずです。しかしそれは私にとっては問題ではなかった。前述したように金子先生は私を助手に残すことしか考えていなかったからでした。

次の嫉妬は、私が昭和三十七年に『大正期の文藝評論』という処女作を出版したときのことです。関大を卒業してちょうど十年目、専任講師になったばかりのころでした。

教授や同僚に『大正期の文藝評論』を送ったけれど、誰も「谷沢君、おめでとう」と言ってくれない。それもそのはず、三人の教授は私の父の年代なのに、誰も著書がなかったからです。当然、面白くない。あれだけ私に目をかけてくれた金子先生もニガ虫を噛《か》みつぶしたような顔をしている。三十そこそこで本など出さず、関大流にもっとノンビリやってくれると思っていたのに、それがいきなり書き下ろしの著書を刊行するとは……。

出版記念会はもちろんのこと、お祝いの言葉、ねぎらいの声をかけてくれる教授はひとりとしていませんでした。

ここで——嫉妬というものはただちに何らかの行動にあらわれるとはかぎらない、ということを指摘しておきましょう。昔から目は口ほどにものを言い、と言われるように、嫉妬は目つきでわかります。ものの言い方、立ち居振る舞い、それによってもその人が嫉妬しているか否かはいっぺんにわかるものなのです。

そんな経験があるから、私は後年、弟分のようにしていた関大法学部の山野博史《やまのひろし》さん〔現・関西大学名誉教授〕が最初の単行本を出したとき、ささやかな出版記念会を提案しました。北新地（まあ、大阪の「銀座」です）でいちばんおいしいといわれている料亭に関係者を三十人ほど招きました。会費は二万円。北新地だから、それで収まるはずがない。足りないところは私がポケットマネーで埋めましたが、何十年もたってから、若いころの鬱憤《うっぷん》晴らしをしたということになります。

三番目は、近畿ローカルのテレビ番組（「おもしろサンデー」。毎日曜日の午後十時半から十一時半までのナマ放送）にレギュラーとして週一回、九年間（一九八二年〜一九九一年）出演していたときの話です。

私がテレビに出はじめると、経済学部長が学長のところへ押しかけて行き、「谷沢の出演をやめさせるべきだ」と言い出した。テレビに出演して面白おかしいコメントをするなど、大学教授の品位を貶《おとし》めるものだ、というわけである。しかし私は文学部の教授だから経済学部長とは何の関係もない。また、私がテレビに出たからといって経済学部長の何かを侵害したわけでもない。それにもかかわらず口出ししてくるのは、まさに嫉妬の典型というべきであった。

松下幸之助少年のくだりでも指摘したように、ある行為によって損害を受けたわけでもないのに、誰かひとりがうまいことやっているのが許せない。嫉妬はそういう構造をもっているのです。

ところがよくよく考えてみると、じつは私は彼のプライドを侵害していたのである。同僚教授が本を出したり雑誌に論文を書いたりしても、教授夫人は書籍広告などあまり見ないから気にならない。したがって、教授としても実害はない。ところが、同僚教授がテレビに出ていたら、どうなるか。アレッ、あの人、あんたンとこの学校の人やないの。あの人がテレビに出てはって、どうしてあんたには声がかからへんの、と言われてしまう。これが教授には堪《こた》えるのだ。死ぬほどツラいのである。

私はほんの小遣い銭ぐらいのギャラでテレビに出ていただけれども、それが多くの関大教授夫人に心の動揺を与え、そして教授たちには悔しい思いをさせることになったのでした。

私は、テレビ局に泣きついて出してもらったのではなく、出てくれませんか、と頼まれたから、ハイ、ハイ、と二つ返事で出演していたわけですが、それがどれだけたくさんの人たちの腸《はらわた》を煮えくり返らせていたことか。その意味で、人間は、何の悪気《わるぎ》もなしにやっていることによって、何らかの関係ある人たちの気を悪くさせること（要するに、嫉妬させていること）もあるのです。

## 「ハンドウ」を回された父

じっさい、嫉妬の矢はどこから飛んでくるかわかりません。

私の父の場合、昭和十三年だから三十五歳前後のとき、突然、召集令状が舞い込んできましたが、それはおそらく嫉妬によるものでした。というのも、当時三十歳を超したら召集令状がくることはありえなかったからです。

召集令状——いわゆる「赤紙《あかがみ》」は、いったいどういうプロセスを経て出されたか。それをテーマにしたのが、松本清張《まつもとせいちょう》の「遠い接近」という小説です。

主人公は色版画工。稼業《しょうばい》が繁盛しているから忙しい。そのため町内の在郷軍人会《ざいごうぐんじんかい》の訓練などを全部サボっていた。すると、三十二歳なのに赤紙がきた。三十歳を超したら召集令状がくることはありえなかった時代に、なぜ赤紙がきたのか。主人公が兵営へ出向くと、受附係が年齢を見て、「ははあ。……じゃ、ハンドウを回されたな」と、松本清張は書いています。

——あいつは、町内の教練を怠《なま》けていた。たるんだ奴だ。この際、見せしめに軍隊に抛《ほう》りこんでやれ。それだけの動機だった。町内の教練に出たくても出られない生活の事情などは、まるきり相手の気持ちにはなかった。

要するに、憎まれたのです。

町内の在郷軍人会の訓練をサボった仕返しに赤紙を出された。それを知った主人公は、戦後、内地に帰還してから自分に「ハンドウ」を回した男（兵事係長）を突き止め、そして復讐する。これが粗筋《あらすじ》です。

赤紙はどういう手順を踏んで出されるのか。私が子供のころ聞かされていたのは、区役所の兵事係が戸籍票からアトランダムに徴兵候補者をリストアップして原案をつくり、それを陸軍の上層部へもっていく。大阪でいえば第四師団へ申告する。それに師団長がポンとハンコを捺《お》すと、その人のところへ召集令状が舞い込むという話でした。

ところが実際には、区役所や市役所の兵事係、あるいはその上長が悪意を忍び込ませることができた。だから「ハンドウ」と呼ばれるようなことも起ったのです。

私の父の場合もそうでした。

昭和十三年、三十五歳前後の父に突然、赤紙がきたときの絶望的な雰囲気は私もよく記憶しています。一家の大黒柱が召集されたら、我が家は破滅してしまうからです。

父の友人たちは新世界（東京でいえば「浅草」か）の料亭で壮行会をやってくれた。すると、仲居頭《なかいがしら》が「常《つね》やん、ちょっとおいで」。私の父の名は「常一《つねいち》」だったので、「常やん、ちょっとおいで」といって別の部屋へ連れ込みました。「あんた、戦争行きたいンか」「何いうてんねン。オレ、いやや。泣いてンねがな」「ほな、戦争行かんでいい方法教えたげる。ええか、あしたからご膳いただくとき、朝昼晩、朝昼晩と、ずっとフナの刺身をいただきイ。辛子《からし》をたっぷりつけてやデ」。そう言われた父は、辛子をたっぷりつけたフナを毎日食べていた。すると、痔《じ》がもの凄く腫《は》れ上がった。

　召集された日、父が連隊へ行くと、エライさんが「おまえたちのなかで病気をもっているものはあるか。ある者は三歩前へ！」。このときオドオドしてはいけない。父は勢いよく三歩前へ出て挙手の礼をしたという。「貴様、どこが悪いか」と叱りつけるような声が降ってくる。軍隊は言葉が大切だから、間髪を入れずに父は答えた。「第二通用門でありますッ」。これは軍隊用語で肛門を意味した。この専門語を発することによって、父が徴兵年齢のときに壮丁《そうてい》として兵営に入り、ちゃんと務め上げたということがわかる。エライさんの猜疑心《さいぎしん》もとけ、「ズボンを降ろして回り右ッ！」と言った。父は回れ右すると、勢いよくズボンを下げ、尻を高々と上げた。そこは桃を埋め込んだように大きく腫れ上がり色づいていた。

　これで父は無事放免となった。その日の手当てをもらって娑婆《しゃば》に戻ることができたのである。

当時、私の父親はすでに大工ではなく、前述したように大阪で五本の指に入ると言われた泉岡家の総支配人をしていました。だから兵事係の誰かに嫉妬されたのでしょう。

余談ながら、「赤紙」はどういうプロセスを踏んで出されたのか——という研究をした人を寡聞《かぶん》にして知りません。「ハンドウ」の一端を描いているのは松本清張の「遠い接近」だけです。この一件からも、われわれの生活に関係のある身近な問題は意外に研究対象とされていないということがわかります。

## 自分に近い人間の出世こそ人生最大の不幸である

さて、いささか苦い話になりますが、嫉妬は親子兄弟・親戚のあいだにも生じます。

私が天王寺中学に入ったときのことです。

近所の人は、子供を褒めることが親にお世辞をいう早道だから、しばしばその家の子供を褒める。そのときも私の家にきた人が、坊ちゃん、天中に入りはったそうですナ、と言った。私はたまたま襖《ふすま》一枚隔《へだ》てた隣の部屋にいたのだが、そう言われて父は何と答えたか。

「ああ、ちょいと裏から手ェ回しましてン」

そういったのである。

父は明石（兵庫県）近郊の貧しい農家の三男だから、地元の尋常小学校を出ると、絣《かすり》の着物に下駄一足の姿で大阪へ出てきて、大工の棟梁（私の母の父親。つまり、私にとっては祖父に当る）の徒弟《とてい》になった。仕事をしながら今宮（大阪）の夜間職工学校へ通っただけだから、まともな学校は知らない。しかし、記憶力は抜群だったから、成績はよかったはずである。これはのちの話になるが、父は三十年以上読み返したはずのない幸田露伴《こうだろはん》の『五重塔』の一節を暗唱して私を驚かせたことがある。

その息子が、変則的な入学試験のおかげとはいえ、名門の天王寺中学へ入学したのである。親ながら、子供に嫉妬したのであろう。ああ、ちょっと裏から手ェ回しましてン、と言ったのである。近所の人の手前、あまり自慢するのもどうかという気持があったにしても、そこまで言うにはやはり子供に対する妬み心があったとしか考えられない。

現に私が関大の助手になり、モノを書きはじめるようになったころ、これも近所の人から、このごろ坊ちゃん、何やらいろいろご活躍で……、と挨拶《あいさつ》されると、父はやはりこう答えた。

「いや、あそこまでもっていくにはどえらい物入りでしてン」

実の父親が息子に嫉妬を覚えるわけだから、人間社会はそれほどまでに嫉妬が渦巻いているのである。

その父が亡くなったときのこと。父の親類はほとんど明石近辺だから、みな、そこから葬式に集ってきた。そのとき従兄弟《いとこ》のひとりが酒に酔ってこう言ったのである。

「永《えい》ちゃん、教授の席は親父《おやじ》さんに買うてもろたことはわかっとるんやデ」

元大工の倅《せがれ》が大学教授になった。従兄弟にすれば、面白くないのである。世の中、自分の身近な人間に何か目立つようなことがあると嫉妬の炎《ほむら》がめらめら立ち上るのである。この嫉妬は深い。いい目を見たのが身近な人間であればあるほど、嫉妬の根は深くなる。それは到底解消することはできないであろう。

それまで肩を並べていた男がある日ほんのちょっと前に足を踏み出したとき、人はどう感じるか。天地が引っくり返ったようなショックを受けるはずだ。自分に近い人間が出世することが人生最大の不幸なのである。

古代ギリシアの詩人ヘシオドスもこう歌っている(『仕事と日々』)。

つぼ作りはつぼ作りを妬む

歌うたいは歌うたいを
乞食は乞食を

冷厳な事実に立って言えば――こうした嫉妬の原理は、親子兄弟・従兄弟・親戚にも当てはまるのである。

## 桂文珍、講師就任の波紋

さて、落語家の桂文珍《かつらぶんちん》を関西大学文学部の講師に招いたのは私ですが、この舞台裏にも嫉妬の問題がからんでいます。

私がどうして文珍に白羽の矢を立てたのかと言えば、前述した「おもしろサンデー」の司会が文珍で、彼の性格がよくわかっていたからです。勉強家で、かなりの読書家。つまらない本は、センセ、あれはハッタリでんな、と一言《いちごん》のもとに斬って捨てる。落語家だから、その場に合わせた話藝がある。しかも人物が堅《かた》いからスキャンダルを起す心配はない。私はそう見た。そこで関西大学の講師に推挙したのです。

当時はまだ藝能人が大学の講師になるという例はなかったから、文珍はまあ、そのハシリといえる。しかも、普通は一、二年生相手の教養課程の講師のはずだけれど、私は三、四年生の専門課程に「国文学特殊講義」という課目を用意して、そこへ文珍をはめ込んだのである。有史以来、大学の専門課程の講師をつとめた藝能人は桂文珍ひとりではないだろうか。

そこで、文珍の講演料もハネ上がることになった。それまで講演料は一回だいたい五十万円だったが、関大の講師になったら八十万円になったという。

もっとも吉本興業は最初、文珍が大学の講師になるのを非常に嫌がっていた。文珍は売れるタレント、だから、講師料の安い大学で授業を受け持つなどもってのほかだというわけだ。じっさい、講師料なんてひと月一万八千円前後だから、藝能人のギャラとは月とすっぽん、天と地ほどの落差がある。吉本興業がおまえはそんなに安く売れん、そやさかいアカン、というのも当然だった。そこで文珍は月曜の朝の九時からの時間帯やったらエエでっしゃろ、と申し出た。この時間帯であればさすがの吉本もどこにも売れないから、私はその時間に講義を組むことにした。

と言っても、そう考えたのは私だけで、実際に講師になってもらうためには教授会や理事会を通さなければならない。

そこでまず私は、文学部の教授会を通した。当時は私が文学部のボスであったから、これは何の問題もなく通った。ただし、教授会には過去の業績を示す書類を提出する必要があった。そこで文珍が研究業績目録ちゅうのンおますけど、これどないしましょ、と言うから――君、独演会たびたびやってるやろ。遠慮せんで、そのリスト並べとけばええねン。じっさい、それでスンナリ通ったのである。

ところが、関大は私立大学である。いわば「国会」に当る理事会があるから、そこを通らないかぎり話にならない。理事会では絶対に反対されると読んだ私は一計を案じ、この件を諮《はか》る理事会が開かれる日の前の晩、広報部長を通じてマスコミを集め、勝手に発表してしまった。だから、理事会の開かれる日の朝刊には「文珍、関大講師へ」という記事が躍ることになったのだった。

それでも収まらない理事がいる。吉田三七雄《よしだみなお》という朝日新聞出身の理事など、「なんで河原乞食《かわらこじき》を講師にするのか」といって反対した。当時の大西昭男《おおにしあきお》学長は私の親友であったから、「差別発言ですゾ！」と、ぴしゃりとやった。そのひと言で桂文珍の講師が決ったのである。

吉田理事は朝日出身だから権威主義者である。それゆえ、藝能人が大学講師になるのが面白くなかった。これも嫉妬の一種というべきであろう。

現に、関大の教授は全学で五百人前後になるが、ほとんど全員が内心では非常に嫌がっていたはずである。「神聖なる大学の講座に藝人《げいにん》を引きずり込むとは何事か」というわけだ。露骨に私の悪口は言わないまでも、「あんなことをしたら大学の権威にかかわる」などと陰ではいろいろ言われたものである。

以上が、文珍の講師就任が決まるまでの経緯です。

かくして昭和六十三年四月八日午前九時、講師・桂文珍はテープの出囃子《でばやし》に乗って関西大学文学部の教室に姿をあらわすと、第一講を語りはじめた。その教室には学長の大西昭男も姿を見せ、聴講。講義が終ったあとの女子大生の感想は――「ほかの先生がたの講義もこれほど面白ければいいのに、と思いました」。

以降、文珍の講義は全部録音して、それを起して単行本(『落語的学問のすすめ』)にしたら十万部のベストセラーになりました。それがさらに新潮文庫に入った。単行本のうちはタレント本だけれども、新潮文庫に入ればもう単なるタレント本ではありません。そこでまた文珍の値打ちが上がり、そうすると今度は慶応大学の講師に――。

私の見るところ、これを面白く思わなかったのは桂三枝《かつらさんし》〔現・桂文枝《ぶんし》〕です。文珍は大阪産業大学の出身だから関大とは全然関係が無い。ところが桂三枝は関大出身です。「なぜオレではなく文珍なのか」と思ったことでしょう。

私が何気なくやったことが三枝に嫉妬心を植えつけてしまったかもしれない。そう思うと彼に済まない気がしますが、私は三枝という人を知らなかったわけだからこれはどうにも仕方がない。諦めてもらうよりしようがありません。ただし、のち三枝は関大に講義を持つことになりました。

第3章

# 嫉妬とアカデミズム

### 嫉妬渦巻く「不思議の国」

　私は第1章で「人はすべてに嫉妬する」と申しました。ただし、まったく尊敬に値しない人、あるいは全面的に軽蔑している人間、そうした相手に嫉妬することはまずありません。これもまた真理だと思います。

　ところが、大学の住人だけは別です。たとえ格下の人間であってもおおいに嫉妬することがあるのです。猜疑心《さいぎしん》の塊である大学教授たちは、ついつい、あいつは何か企《たくら》んでいるのではないか、と思ってしまうからです。あいつは何か大きな仕事を営々とやっていて、ある日突然、それを発表するのではないか……という恐れ。彼らはふつうの日本人が想像もできないくらい先の先まで読んで、そうして心配するのです。

　狭い社会で肩寄せ合って生き、似たようなことをやっている大学教授たちのいがみ合いは半端なものではありません。私は大学に三十五年勤めていましたから身に沁《し》みて知っていますが、アカデミズムのイヤらしさは、言い出したらキリがありません。

　あの世界の住人は何を見ても腹が立つのです。憎かったり恨めしかったり嫌になったりは、日常茶飯事。毎日のことだから、その気持が凝って、ついには塊になる。そしてある日、ボンと爆発するのです。

著作を出版したり、しかるべき雑誌に論文を発表したりすると、それを知った先輩や同僚が嫉妬の炎を燃やすことは前章でも指摘したとおりです。

もう十年ぐらい前になるでしょうか、当時、関西大学経済学部の助教授が『文藝春秋』に論文を書いたことがあります。それは関大経済学部としては初めての出来事でした。

すると、何が起ったか。経済学部の教授たちはみな揃って「許せない！」と叫び出したのです。あんな大衆的な雑誌に論文を書くというのは学問の神聖さを歪《ゆが》めるものでアル、と言って、彼らはその助教授を絶対に教授にしようとはしませんでした。徹底的に干《ほ》し上げたのです（のちに彼は、別の学部へ移って教授になりました）。『文藝春秋』に書いたくらいで、それほどまでの嫉妬を買うというのがアカデミズムの世界なのです。

早稲田大学の吉村作治《よしむらさくじ》氏〔現・東日本国際大学学長、早稲田大学名誉教授〕もテレビやマスコミに登場して有名になったためになかなか教授になれなかったのは有名な話です。

愛媛大学では、かつてこんな話がありました。

国文学科には何人か教授がいたものの、みな、ノンビリいこうや、という雰囲気でやっていた。そこへ京都大学を卒業した若手が赴任してきて、京都大学発行の『国語国文』という雑誌に論文を発表したのです。それがわかったとき、主任教授は論文を書いた若手だけを外して、教授、助教授、助手全員を料亭に連れて行ってご馳走したというのです。完全な「村八分」でした。

国文学の世界では、雑誌にも雛壇《ひなだん》（ランク）があって、岩波書店発行の『文学』、東京大学の『国語と国文学』、そして京都大学の『国語国文』が御三家をなしていますが、その『国語国文』に論文を書いたという、たったそれだけのことが気に喰わないといったのです。彼らの嫉妬心というのはまことにもって果てしがありません。

したがってこの世に存在する大学で、学部の中あるいは学科の中でみんなが仲良くやっているところは、まあ皆無《かいむ》と言っていいでしょう。誰かが何をしても気に入らない。どんなつまらないことでも嫉妬の対象になる。それが大学という「不思議の国」の現実なのです。

ついでに記しておけば、関大では文学部国文学科からも雑誌を出していましたが、別に文学部でも雑誌を出していました。その編集は英文科、史学科、国文科……といった具合に、順番で各科に回ってきます。

以下は、私がまだ若いころの話です。

次号の編集が国文科にまわってきたけれど、私以外の教授たちはみな年寄りで、いまさらそんなものに原稿を書く衒気《げんき》はない。私はかなり長い原稿をもっていたので、これを載せましょうか、と提案した。すると、次の号は私ひとりで占拠することになる。或る一人はそれが許せなかった。私の父より年上の老教授が、私も、私も書きます、と手を挙げたのです。そして二十枚ぐらいの原稿を書いてきた。

その原稿がケッサクであった。テーマは江戸時代の俳人・小西来山《こにしらいざん》。老教授は誰でもが知っているような来山の事績をだらだらと書き連ねた挙句、最後の最後になって、「いずれゆっくりと小西来山を論じたいと思う」と書いたのである。

オイオイ、いままで書いてきたのは、じゃあ何だったのだ。書く必要もないことを牛の小便《ションベン》のように書いてきて、「いずれ来山を論じたい」とは！　飯田《いいだ》教授は文学部の雑誌を私が占拠することをなんとか防ごうとしただけだったのだ。

これが大学という世界なのです。そこまでいくと私としても、何をそんなに怒ってはるねン、と言いたくなるような出来事でした。

## 矢代幸雄への嫉妬

ここで具体的な例を挙げると、矢代幸雄《やしろゆきお》という優れた美術史学者がいました。

彼の運命を決定したのは、大正十四年、三十五歳のときにロンドンで出版した『サンドロ・ボッティチェッリ』全三巻でした。英文で書かれたイタリア・ルネサンス期の美術研究です。明細な図録をふくむこの浩瀚《こうかん》な書物の刊行が日本人として空前の快挙だったことは言うまでもありません。英文については『源氏物語』の英訳で知られるアーサー・ウェーリーが通読する念の入れようでしたから、文章も十分に整《ととの》っていた。したがって欧米では好意的な書評が相次いだといいます。

ところが、わが国においては「冷たい受け取り方」（矢代幸雄『私の美術遍歴』）に終始しました。

いや、黙殺されたと言ったほうがいい。

当時、美術史学界を牛耳《ぎゅうじ》っていたのは東京帝国大学の瀧精一《たきせいいち》という教授であったが、彼は矢代の華々しいデビューを耳にして激怒したと伝えられている。日本人の若い学者がヨーロッパで大成功を収めたのを見て、完全に嫉妬に狂ったのである。だから、以後長いあいだ、東大系の美術史学者たちは申し合わせたように『サンドロ・ボッティチェッリ』も矢代幸雄も無視しつづけることになった。

矢代幸雄がもし世故《せこ》に長《た》けていたら、『サンドロ・ボッティチェッリ』の刊行を前に急いで帰国し、瀧精一その他のお歴々に序文や推薦文を依頼し、さらには「まえがき」で、「本書が成ったのはひとえに瀧精一先生以下、東京帝国大学美術史学諸教授諸先輩のご指導ご鞭《べん》撻《たつ》によるもので……ウンヌン」と謝意を記したことであろう。そうすれば東大系美術史学者のどす黒い嫉妬を浴びることは無かったはずである。それどころか、瀧精一教授以下、愛《う》いヤツだとばかり矢代幸雄を可愛がり、『サンドロ・ボッティチェルリ』全三巻を精いっぱい喧伝《けんでん》したに違いない。

私はなにも話を大袈裟にしているわけではありません。同様の例はいくつも身近に見聞してきているから、そう推察できるのです。

たとえば昭和四十七年、関西大学史学科教授・網干善教《あぼしよしのり》は高松塚の壁画を発見、これをみずからマスコミに発表した。すると、網干君の師であり関大の同僚でもあった末永雅雄《すえながまさお》教授は、彼の行動に激怒して長年にわたる師弟関係を一瞬にして解消し、即日「破門」を申し渡したのである。

言うまでもなく末永教授は網干君の晴れ姿に嫉妬したのである。それも、猛烈に嫉妬した。だから即日破門に処したのだった。

察するところ、末永教授にすれば――壁画を発見した網干君は、その発見を誰にも告げることなく末永邸に直行し、末永さんを高松塚まで案内し、そこで末永教授が全マスコミを前にして華《はな》やかに発表するという段取りをすべきだった、と言いたかった。もちろん末永教授は壁画の発見者でも何でもない。けれども網干君は発見の功績を全部、師である末永教授に譲《ゆず》って、自分はその後ろに控えているべきだったというのだ。

嫉妬に駆られた末永教授はそんな理不尽な思いに捉《とら》われていたに違いない。

だが、網干君はそうした配慮をしなかった。だから、末永教授は終生網干君を憎みつづけ、その黒い怨念はけっして消えることはなかった。

現にその後、太安万侶《おおのやすまろ》の墓なるものが発見されると、末永教授はとくに談話を発表して、「この発見は高松塚壁画の発見とは較べものにならない大事件である」と言って網干君を貶《おとし》めた。太安万侶の墓など、高松塚の壁画に比べたら何ほどの意味もないのに、末永教授は極端な表現を用いて網干君の業績を低めよう、できることなら抹殺してしまいたいとすら考えたのである。

さらに末永教授は、その後、網干君の関大の同僚である大庭脩《おおばおさむ》教授の著作を強引に学士院賞に押し込んだ。大庭教授の著作というのは、昭和四十二年に書いた『江戸時代における唐船持渡書《とうせんもちわたししょ》の研究』の一部を十七年後（昭和五十九年）に独立させた『江戸時代における中国文化受容の研究』である。学士院賞には、賞を授ける年からさかのぼって三年以内に書かれたもので、かつ完結しているもの、という内規があるそうであるらしいから、十七年も前の本の一部を改訂したものなど絶対に選考範囲に入らない。それにもかかわらず、末永教授はゴリ押しして大庭君の著作を学士院賞に押し込んだのだ。

　明らかに網干君への見せしめである。大庭君は如才のない人で、末永教授のところへよく出入りしていたから、末永さんとしては「ワシに忠誠を誓《ちか》えばこういういいことがあるのだゾ」と言いたかったわけである。

　私はそうした醜い現場を全部見ている。末永さんの嫉妬の凄まじさ、怒りの底深さはすべてわかっていた。

　そこから類推して、矢代幸雄に対する瀧精一以下、東京帝大美術史学の教授たちの嫉妬心のありようも十分証明されるのである。彼らは完全に矢代幸雄を黙殺した。それゆえ、日本の各出版社が刊行した『世界美術全集』の類の監修・編集に、矢代幸雄、という名はほとんど出てこない。あれは一種の利権であるから、そこから矢代幸雄を締め出したのである。

　そして、矢代を黙殺する、あいつを干し上げろという、嫉妬心に発する、見せしめ、の相互了解は後々までつづきました。

## 嫉妬の風景

嫉妬に根ざす学者たちの怨念、悪罵、呪い、といった感情は枚挙に遑《いとま》がありません。

京都大学国文学科の第二期生に島田退蔵《しまだたいぞう》という人がいました。生涯ついに一冊も著書がなく、論文もほとんどない人でした。その一年下の第三期生にいたのが澤瀉久孝《おもだかひさたか》という、のちに万葉学で有名になった人です。

島田さんはその後、旧制第三高等学校の教授になり、澤瀉さんは一期下なのに京大の教授になりました。学者としての格がまるで違いますから、それは誰が見ても順当な人事だったでしょう。しかも、「高校」といっても旧制三高はナンバー・スクールですからたいへん権威がありました。島田さんとすれば三高の教授になれただけでも、もって瞑《めい》すべし、です。ところが島田さんは、自分が三高なのに澤瀉さんが京大に残ったのが許せなかったのです。

戦後、関大は澤瀉さんを教授として招聘《しょうへい》しました。そして澤瀉さんが去ったあと、今度は島田さんを招きました。

あれは心斎橋あたりで開かれた関大文学部国文科の忘年会の席上でした。島田さんが突然、「澤瀉のヤツめが！」と大声で叫んだのです。私に言わせれば、島田さんにはそんなことをいう資格はありません。ろくな業績も残していないのだから、天下の三高教授になれただけでも万々歳だ。でも、一級下の澤瀉さんが京大教授として残ったのが生涯許せなかった。何年たっても怨念が消えなかった人です。

大正期の話で言えば、藤岡蔵六《ふじおかぞうろく》という人がいます。東京帝大の哲学科を出て、東北帝大の教授に内定していました。これをとことん嫉妬したのが『古寺巡礼』や『風土』で有名になる前の和辻哲郎《わつじてつろう》です。和辻は藤岡蔵六の翻訳した本の誤訳を徹底的に調べ上げ、痛烈に批判したのです。

フランス語で、〝traduire《トラデュイール》〟（翻訳する）は〝trahir《トライール》〟（裏切る）だ、と言われるように、翻訳というのはどんなに丁寧にやっても誤訳がつきものです。にもかかわらず和辻哲郎は、重箱のスミを突っつくように藤岡蔵六の間違いを指摘しました。そこまでやらんでもエエやないか、と思うくらい徹底した批判でしたから、藤岡の東北帝大の口は吹っ飛んでしまいました。

学者の嫉妬とは、それほど恐ろしいのです。

藤岡蔵六は結局、流れ流れて甲南高校〔旧制甲南高等学校、現・甲南大学〕へ行きました。

藤岡がつまらないのは甲南高校へ行ってからはまったくやる気をなくしてしまったことです。和辻にやられたといっても、甲南高校ではちゃんと給料をもらって教授生活をしているのだから、きちっと勉強すればいいのに、何もしないで無為《むい》のうちに亡くなってしまった。他人からの嫉妬でつぶされた人というべきでしょう。

風巻景次郎《かざまきけいじろう》〔北海道大学教授を経て関西大学教授、故人〕という人は、昭和の国文学界でもきわめて優秀な人でした。東京帝大の出身ですが、のちに関大に来ていただきました。その風巻先生と一杯呑んでいるときのこと、東京帝大の同期生・藤田徳太郎《ふじたとくたろう》〔旧制浦和高等学校教授、故人〕の話になりました。藤田という人もなかなか立派な国文学者でしたが、この人は半生をかけて風巻先生を貶めることに全力をふるったと言います。すると風巻先生は、話しているうちに次第に興奮してきて、ついには「藤田の野郎ッ！」と叫んだのです。嫉妬された側も相当に苦しんでいたわけです。

まだ健在な人で言えば、佐高信《さたかまこと》という評論家がいます。この人は誰か人が亡くなると、「死んでよかった」という調子の文章を書くことで有名です。

私がよく覚えているのは、評論家の山本七平《やまもとしちへい》さんが亡くなったときのことです。その翌日だったか翌々日、佐高氏は朝日新聞に「山本七平氏が亡くなってよかった。知ったかぶりばかり書く人で、マックス・ウェーバーの模倣をしただけの人であった」と、そんな意味のことを書いています。

それを読んで、佐高という人がマックス・ウェーバーの『プロテスタンティズムの倫理と資本主義の精神』も読んでいないし、山本さんの『日本資本主義の精神』も読んでいないことがわかりました。両書は書名こそ似ていますが、内容はまったく無関係だからです。佐高という人は山本さんの本を読まずに、ただただ山本さんを貶めようとしたのです。

山本七平と佐高信は何の関係もありません。それにもかかわらず佐高氏は、山本さんが雑誌『諸君!』や『Voice』でもてはやされたことが憎かったのでしょう。山本さんがジャーナリズムの花形になり、おまけに菊池寛《きくちかん》賞までもらったことが気に喰わなかった。佐高という人は山本さんの親類でも縁者でもないのに、山本さんに嫉妬の炎を燃やしていたのです。

こうした学者の嫉妬、インテリの確執は何も日本だけのことではありません。外国でもしばしば見られます。

四書五経《ししょごきょう》の『書経《しょきょう》』は、正しくは『尚書《しょうしょ》』といいます。その『尚書』には漢の時代の字体（隷書《れいしょ》）で書かれた『今文尚書《きんぶんしょうしょ》』と、漢代以前の字体（篆書《てんしょ》）で書かれた『古文尚書』とがあって、いまでは『古文尚書』はあとからでっち上げられたものであることがわかっていますけれども、昔はその名のとおり『古文尚書』のほうが『今文尚書』より古いと思われていました。

そこへ閻若璩《えんじやくきよ》という学者が登場、内容から推《お》して『今文尚書』のほうが古く『古文尚書』はニセモノ（後世の偽書）であるということを完全に考証しました。それに激怒したのが毛《もう》奇齢《きれい》という学界のボスです。自分たちが主張してきたことを引っくり返されたものだから、もう許せない。ともに十七世紀の学者ですが、怒り狂った毛奇齢は閻若璩の説をぶっつぶしてしまいました。

閻若璩の説が正しいとされるようになったのは、毛奇齢の死後のことでした。嫉妬や怨念は世の真実まで引っくり返してしまうのです。

『雇用・利子及び貨幣の一般理論』を書いて世界の経済学を一変させたケインズを嫉妬していたのが、やはり二十世紀の経済学の代表選手シュンペーターです。このふたりは生れ年（一八八三年）もいっしょでしたから、これは徹底的に仲が悪かった。

ケインズの理論は、簡単にいえば、思い切り公共投資を行ってカネをどんどん動かせば景気はよくなるというものですから、シュンペーターはこう当てこすりました。ルイ十五世の愛人で、女性として世界で最も贅《ぜい》をきわめた「ヨーロッパ社交界の女王」ポンパドール夫人を引き合いに出し、「カネをバラまけば世の中がよくなると聞いたら、さぞかし泉下《せんか》のポンパドール夫人も喜んだことであろう」と。

## 黙殺の怖さ

アカデミズムというのはそんな世界ですから、世間一般の人では思いもつかないような出来事がごろごろ転がっています。

昭和三十年、関大文学部国文学科の助手になった私は、一応学者の仲間入りをしましたが、最初は、関西大学ということで学界では人間扱いしてもらえなかったことをよく覚えています。そのときは、さすがに悔しい思いをしました。よく「犬猫扱い」と言いますが、私たちはそれ以下の「ミミズ扱い」。当時の近代文学の学界の主流は東大、早稲田大学。これが両立していて、そこの連中にすれば、関西大学？　そんな大学あるんかいナ、というくらいのものでした。

じっさい、こんな例があります。

岩波書店から出ている『日本古典文学大系』の『枕草子』に、関西大学の山脇毅《やまわきはたす》講師が『国文学』に書いた論文が参考文献として挙げられた。ところが天下に鳴り響《ひび》く岩波書店校閲部は、関西大学の『国文学』という表記を見て、こんな学校あるわけがないと思ったのであろう、「関西大学」を「関西学院大学」と勝手に変えてしまったのである。それを目にしたとき、私はああそうかと思ったものでした。岩波書店から見れば、関西大学という学校などこの世に存在しないのである。関西大学は「関西学院大学」の略称と思っているのだ（その後も訂正されていないところを見ると、いまもそう思っているのだろう）。

もっとも、関大の教授陣のほうも、はっきりいってヤル気が見られなかったのは事実である。関大文学部の教授は、半分が関大出身者で、半分が京大出身者だった。そして、京大出身者にも二種類あって、「あとで呼び返してやるからちょっと関大へ行っておけ」といわれてきた組と、「おまえは関大へ行け」といわれてきた人がいた。前者はまともに勉強をしたが、しかし後者は関大で一生終るわけやから、なにも齷齪《あくせく》することはあらへんがな、とノンビリかまえていたから学界にはめったに出席しない。関大出身の教授連も学界へは顔を出したがらなかった。顔を出したところで、どうせ「ミミズ扱い」されるだけだからです。

したがって私が助手になりたてのころは、私がどこに何を書こうと反響などまったくなかった。学界はすべて「黙殺」。もちろん、人間だから黙殺されて面白かろうはずが無い。不愉快だし腹も立つ。しかし、だからといって、学界の秀才たちに嫉妬する気にはならなかった。彼らの書くものは、私の書くものとは全然ちがって、単なる「お勉強」だったからである。

では、私がどういうふうに黙殺されたか——。

私は助手になる前、関西大学の『国文学』に「斎藤茂吉の作歌の態度」を書いた（昭和二十七年）のですが、誰も読んでくれない。当然、学界でもいっさい話題にならない。権威主義に凝《こ》り固まった学界は、二流大学、三流大学の雑誌に載った論文など、全然、まったく、いっさい問題にしないのである。

それをまともに取り上げてくれたのが、先ごろ亡くなった小西甚一《こにしじんいち》先生（筑波大学名誉教授）であった。画期的な大作『日本文藝史』（平成四年）のなかで、世に数ある斎藤茂吉論のなかから私の論文をピックアップして引用してくれたのだ。それを見たとき、私は、ああ、やっとこの世で私の書いたものを認めてくれた人に出会えた、という思いで身が震《ふる》えんばかりであった。それまでの四十年間、私の「斎藤茂吉の作歌の態度」は生き埋めにされたままだったのだから、それも当然ではないでしょうか。

そうした仕打ちに対して、もちろん腹は立ちました。けれども、学界はそういうところだと思っていましたから、怨《うら》みを抱くほどではありませんでした。

でも、仕返しだけはしてやりました。これはのちの話になりますが、私は東大教授ふたりをとことん批判したことがあります。以後、論文が書けなくなるくらい徹底的に叩いてやった。これはまことに精神衛生によろしかった。

私は子供のころから中学のころまでずっと体が弱く、いわゆる虚弱児童でしたが、この年《と》齢《し》まで生きてこられたのは、嫉妬という暗い情念で自分を苛むことから免れることができたからだと思っています。『「甘え」の構造』で知られる土居健郎《どいたけお》先生があるとき非公式の席でこう言われたことがあります。親子、夫婦あるいは家庭に何か問題があり、トラブルがあり、悩みがある人がガンにかかりやすいのではないかと私は思っています、と。もちろん、統計を取ったり正式に調査したうえでの公式な話ではありませんから、これを事実というわけにはいきません。でも私はそれを聞いたとき、自分の五臓六腑《ごぞうろっぷ》を痛めつけるような気持をもたなかったから、今日まで健康がもったのではないかと感じました。その点はたいへんラッキーだったと思っています。

## 内藤湖南と木下広次

人の能力、というものは、見る角度によって違ってきます。では、見る角度にかかわらず、ほぼ同じ結論に達するのは何か。

まず学歴でしょう。そこで世間は、この人物はどこの大学を出たのか――それでおおよその品定めをするようになっています。

このように学歴が重んじられるようになったのは、明治十年に帝国大学（現・東京大学）が設置され、帝大出身者が新しい時代の担い手になってからのことです。以下、かいつまんで学歴社会の成り立ちを振り返っておきます。

最初、帝国大学は東京にしかなかった。それゆえ、当初は「東京帝国大学」ではなく単に「帝国大学」とだけ称《となえ》た。競合する大学がないから、教授たちは威張るだけで勉強をしない。そこで明治三十年、木下広次《きのしたひろじ》という有力な文部官僚が京都帝国大学をつくって競争原理を導入した。京都帝国大学が誕生したので、以後、「東京帝国大学」という呼称も生れたのです。

木下広次の父親は漢学者で、熊本で塾を開いていた。そこでいちばん成績がよかったのが、「皇室典範」をつくった井上毅《いのうえこわし》であった。井上毅は伊藤博文《いとうひろぶみ》のブレーンで、明治政府の有力者でもあったから、恩師の息子である木下広次を文部官僚として引っ張り上げたのです。

木下広次という名前は、いまでは埋没してしまっていますが、一高（旧制第一高等学校）を全寮制にしたのは彼であり、彼のもっと大きな仕事は京都帝国大学をつくったことだった。そして、初代総長に就任しました。

彼の功績はそれにとどまらない。前代未聞、学歴のない人を教授にした。その代表がシナ学の泰斗《たいと》・内藤湖南《ないとうこなん》である。

湖南は家が貧しかったから師範学校出身である。師範学校は学費が要《い》らなかったからです。その代り、卒業したら一定の年限、小学校の訓導《くんどう》をつとめなければならない、という義務があった。そこで秋田師範を出た湖南は小学校の教師をつとめ、その義務を果すと東京に出た。そして新聞社を渡り歩き、最後は『大阪朝日新聞』の論説委員。その学殖《がくしょく》はつとに知れ渡っていた。

しかし、当時とすれば、たかが新聞屋である。その「たかが新聞屋」を木下広次は京都帝大の教授にしようとした。そのとき面喰《めんくら》った文部官僚が迷言を吐いている。「たとえ孔子《こうし》さまといえども学歴のない人を教授にはできない」と。ここでいう「学歴」とは「帝国大学出身」という意味である。

また、博学の湖南に嫉妬した同僚教授は、「ドイツ語のできない者には学問研究が不可能だから」と、屁理屈《へりくつ》をいって教授就任の邪魔をしようとした。これは桂文珍の講師就任に対して、「なんで河原乞食を……」と叫んだ朝日新聞社出身の関大理事のようなものであろう。そんな騒ぎがあり、文部省も「待った」をかけてきたため、湖南は二年間の試用期間をすごさなければならなかった。その間、講師として無事務め上げ、湖南は「秋田師範卒」という学歴だけで京都帝国大学の教授になったのである。当時の京都では、「もし木下さんがいなかったなら、内藤先生はいつまでも新聞記者をしていただろう」と言われたという。

明治も末になると、学歴がモノをいう時代になったのである。

## 学歴社会はどうしてできたか

話は前後するが、では帝大はどうしてできたのかと言えば、明治維新で旧士族が身分を剝《はく》奪《だつ》され、会社や工場の社員になったのが発端である。旧士族は器用で、与えられた仕事を上手にこなした。ところが、そんな士族上がりの勤務者を統括するゼネラリストが欠けていた。そのため、仕事の全工程のおおよそがわかって、しかも人を指導できる人間の養成が必要となった。その人材育成のために帝国大学が創設されたのである。

したがって、明治時代の旧帝国大学の学問はすべて概説であった。今日《こんにち》の学問はひとつのテーマについて細かく実証的に研究をするが、明治時代は何でもわかること、あるいは何でも知っているふりをすること、それが帝大出身者に求められた。それが現在の東大信仰につながり、学歴信仰を生んだのである。

その帝国大学にも差別があった。本科と選科である。「本科」というのは旧制高等学校を卒業して帝国大学に入ってきた学生、師範学校出身の学生を「選科」といった。

当然、女性は入れなかった。東北帝国大学だけが大正二年、女性の入学を許して話題になるという例外はあったけれども、それ以外はみな、終戦後、新制大学になってから初めて女性を受け入れるようになったのである。

かくして、アカデミズムの世界では「東大出身に非《あら》ずんば人に非ず」という時代が、だいたい昭和の初めごろまでつづくことになった。

現在は早稲田や慶応のランクも上っているようであるが、かつての早稲田は「東京専門学校」といって大学ではなかった。ほとんど無試験で入れたし、途中からの編入も可能だった。だから、どうしても帝国大学の試験に通らない学生はみな早稲田へ行ったものである。

明治三十年代、日本全国のローカル・ペーパーの編集部に早稲田の卒業生のいないところはないと言われたことがある。霞が関の官僚社会は東京帝国大学の卒業者たちが完全に支配していたから、早稲田出など相手にされない。また、そこへ潜《もぐ》り込もうとしたところで高等文官試験に通らない。そこで仕方がないから、みな文科方面へ行ったのである。だから、新聞記者の集っているところへ石を投げたら早稲田出身者に当る、と言われたのは有名な話である。早稲田からは大勢の文士も出ている。

そんな早稲田に無試験で入って、卒業できない男がいた。その代表が、いま直木賞にその名を残す直木三十五《なおきさんじゆうご》。卒業式を終え、みんなが写真を撮《と》ろうとしたとき、突然横から直木があらわれ、パッと顔を出して写真に収まった。

卒業写真に写ってはいるけれど、直木は実際には早稲田を卒業していないのである。

## 学歴と嫉妬

いまは本の奥附《おくづけ》のページに「著者略歴」が記されていますが、あれは戦前の本にはありませんでした。昭和三十年代初めの本にもありません。高度経済成長期を昭和三十五年から四十五年あたりまでのこととすれば、だいたいその時期にはじまった慣習です。

著者略歴にはいろいろなことがたくさん書かれていますが、読者が知りたいことは何でしょうか。著者はどこの大学を出ているのかという一点です。でも、ただ一行、出身大学だけ記すのはあまりにも露骨だから、その他いろいろ書いてあるわけです。

そういう慣習ができてからも「著者略歴」を絶対につけようとしなかった人がいます。近世文学の中村幸彦《なかむらゆきひこ》先生〔九州大学教授を経て関西大学教授、故人〕です。先生は京都大学のご出身ですが、書物は内容が問題なのであって著者がかつてどこの大学を出たかなどということはまったく関係ない、という信念に基づいてプロフィールを載せることを拒否してきたのです。

もっとも、戦前の本に著者略歴が記されていなかったからといって、学歴信仰が無かったわけではありません。学者の本には、著者名の上にたとえば「京都帝國大學教授　文學博士」といった肩書がちゃんと記されていました。

どんな世間知らずの日本人でもよく知っているのは、日本における大学の序列です。次のような笑い話があるくらいですから、人はみな、じつによく大学の序列を知っているのです。——ある年、ある村からひとりの生徒が東京大学へ入った。翌年は日本大学。その次の年は東洋大学へ入った。すると村長が、「わが村の子供たちは年々優秀になってきておるようだ」といったという小噺《こばなし》です。

子供が親の出た大学よりランクの高い大学へ入ると、親が子供に嫉妬するという話もよく耳にします。いや、耳にするだけではありません。私が天王寺中学に入ったとき父が近所の人に、「ああ、あれはちょっと裏から手ェ回しましてン」といったのは第二章に記したとおりです。

ただし「家制度」が確固《かっこ》としてあった時代は少々事情が違っていました。遺産相続によって家や土地、田畑を細分化すると喰っていけなくなるから長男がそれを継《つ》いだ。その代り、上の学校へは進まない。旧制高校や大学へ行ったのは次男、三男です。家や土地をもらえない代りに、学資を出してもらったわけです。したがって、企業や官庁に入って出世するのも次男や三男でした。社会的地位からいえば、次男や三男のほうが高く、長男は何ほどのものでもなかった。極論すればゼロに等しい。ところが次男や三男がいくら偉くなっても、実家へ帰ってくれれば、何の位《くらい》もない兄貴の前で正座して、「兄さん、ご機嫌いかがでございましょうか」と挨拶したものです。そういう時代がありました。のちにふたりとも総理大臣になった岸信介《きしのぶすけ》、佐藤栄作《さとうえいさく》の兄弟（岸信介は「佐藤家」の生れだが、父親の実家である「岸家」の養子になった）はふたりの対談（「文藝春秋」昭和二十九年一月号）でこう話しています。

佐藤　正直な話、こういう兄貴（ここでは岸信介をさしている・谷沢注）がいたから弟（自分のこと・谷沢注）も何とか学校を卒業したわけだね。母親から何度叱られたかわからない。兄貴を見ならえというわけで、朝な夕なにやられた。（中略）

岸　その意味から云《い》うと、われわれの兄弟じゃ長兄〔市郎《いちろう》〕が一番よくできたんだよ。これはもう秀才ですよ。これが非常に成績がいいし、それを見ならえというんだな。総理になろうという政治家でも、長兄の前では頭が上がらない時代もあったのです。

# 第4章

# 嫉妬と有名人

## 現代は「能力」と「人気」に嫉妬

人間には、なんとかして自分を世間で公平に扱って欲しいという欲求がありますが、それはギリシアの悲劇詩人エウリピデスも指摘しているように無理な相談です。

人間には、平等・公正などということは名目だけで、実際はそういうわけにはいかない。(『フェニキアの女たち』)

ギリシアの昔から、これが人間の真理なのです。

あるいは山本周五郎《やまもとしゅうごろう》のように——この世では公平なる分配と所得はあり得ない、ということもできます。

最小限度にでも頭脳と胃袋と生殖器の能力が均一でなければ、公平なる分配と所得はあり得ない、(中略) 私はその主題の大きさと真理をするどく把握《はあく》していることに昂奮《こうふん》し、精神の力づよい高揚をたのしんでいた。(『青べか物語』)

現代日本社会も一応は「平等」がタテマエになっています。でも、人間はどこかで区別しなければならないから、やはり能力がものをいうことになります。そして、その能力には個人差がありますから、そこから嫉妬も発生するわけです。
詫摩《たくま》武俊《たけとし》氏〔東京都立大学名誉教授、東京国際大学名誉教授、故人〕も『嫉妬の心理学』でこう指摘しています。

もちろん、昔でも、ひとつの地位を得るための争いはあったに違いない。しかし、その地位を得るための争いが同じスタート線から出発することは少なかった。つまり、家柄、身分、生まれという、本人の努力とか責任の範囲外にあることが重視されていたのである。だが、そのようなわくがない現代社会では、人はほとんどの場合、同じところからスタートする。すべての人が同じところからスタートするということは、本来望ましいことである。ところが、同じところからスタートしたがゆえに、じつは嫉妬が起こるのである。それは、嫉妬が、もともと平等意識と関係のあるものだからである。対等か、あるいは自分がそれ以上であるべきはずなのに、なぜか相手の方が優位に立ってしまったとき発生するのが嫉妬なのである。現代社会は、だから、平等意識という、嫉妬の温床をかかえて成り立っているわけである。

江戸時代、大名の格式は石高《こくだか》で決った。〔前田《まえだ》の〕加賀百万石に対して島津《しまづ》は八十万石。これは逆立ちしても敵《かな》わない。

では、どのようにしてそういう差が決められたのかと言えば、関ヶ原の戦いの結果、〔徳《とく》川《がわ》〕家康《いえやす》が決めた。そして、その後の将軍はそれを踏襲する以外になかった。だが、これによって個人の能力は問題ではなくなった。そのおかげで、江戸時代は殿さまの能力など議論の材料にもならなかったのである。

現に、幕末の長州（いまの山口県）の殿さま（毛利敬親《もうりたかちか》）の渾名《あだな》は「そうせい侯」であった。家臣が言うことに対していつも「そうせい」と答えていたから、そんな渾名がつけられたわけであるが、もし彼が「そうせい、そうせい」と言わなかったなら、藩論が二分されていた幕末の激動期におそらく暗殺されていたに違いない。それくらい殿さまの能力は問われなかったのである。

ところが近代社会は、人間を能力によって区別する。考えてみれば恐ろしい時代で、能力によって社会的地位や名誉、収入がきっちり規定されてしまう。

能力を問われるのは、人間にとってはまことに辛《つら》いことです。能力を問われず、身分や家柄で決められたほうがよほど気楽なのではあるまいか。「どうせウチは百姓ですから」と言っていれば済むからです。

現に、昔は「隣百姓《となりびやくしよう》」という言葉がありました。隣の家が種まきをはじめたら、わが家も種をまく。隣が刈り入れをはじめたら、こっちも刈り入れをする。それでよかった。ところが、隣の家とわが家とが生産力を争うようになると、これはまことに冷酷無残な話になる。

したがって、「能力だ」「自己責任だ」という時代はきわめて息苦しい。身分制度がなくなってホッとしたら、今度は能力、実績で評価されるようになり、人はその評価のなかで生きていかなくてはならなくなったのである。

そこで、自分より評価の高い者に対して嫉妬心が鎌首《かまくび》をもちあげるようになる。

ことに現代が昔よりむずかしくなっているのは「評価」とは別に、「人気」という基準があることです。人間はある程度努力すれば、その世界、その業界において、一応の評価を得ることができます。ところが人気というのは、いかに努力したところで自由にはならない。自分の思いどおりにはならない。何かの定めによって「人気のある人」と「人気の無い人」

が出てきてしまう。立派な仕事をしているけれども人気の無い人がいれば、たいしたことをしているわけでもないのに非常に人気のある人がいる。これがいまの時代なのです。

現代人が何に嫉妬しているかと言えば、能力もさることながら、人気に嫉妬している面も強いはずです。なんで、みのもんただけが朝から晩までテレビに出とるんや、と、タレントはみな思っていることでしょう。いわんや、長嶋茂雄《ながしましげお》の倅《せがれ》というだけで人気が出てＣＭに起用されるとは、いったいどういうわけやねン、と。

いまの日本人は、人気のある人はエライと思っているから、自分に人気がないと思っている人間は、人気のある人に対して強烈な嫉妬心をいだくようになる。ところが、この「人気」というものの正体がなんとも不明。言ってみれば、お化けのようなものだから、現代人はますます苛立ってくるのです。

## 文人相軽んず

さて、作家も人気稼業《にんきしょうばい》です。しかもこの世界は、身分や家柄などはほとんど関係がありませんから、現代のみならず明治の時代から人気を競い、そのウラで嫉妬の炎を燃え上がらせてきました。

作家は嫉妬の塊である、と言っても過言ではありません。それは、「作家は名声乞食である」と喝破した伊藤整《いとうせい》の言からも明らかです。

また、「文人相軽んず《ぶんじんあいかろんず》」という至言《しげん》もあります。詩歌文学藝に携《たずさ》わる人間はウヌボレが強く嫉妬心も強いので、必ず仲間同士、見下《みくだ》し合い貶《けな》し合いアラを探し合うという意味です。作家はお互い、心のなかであんなヤツ！、あんな駄作は読めたものじゃないネ、とつぶやいているのです。

昭和五十一年、文壇の大御所とも言われた舟橋聖一《ふなはしせいいち》が亡くなって日本の文士たちががっかりした、という話があります。というのは、文士が集まって舟橋聖一の悪口をいいはじめたら際限もなく座が盛り上がったからです。舟橋聖一にはそれくらい悪口の材料があったのです。ところがその舟橋聖一がいなくなったため、話題が無くなってしまった。大きな楽しみがひとつ減ってしまった。

舟橋聖一という作家は、明けても暮れても原稿料の話ばかりしていたそうです。とりわけ丹羽文雄《にわふみお》をライバル視していましたから、「たとえ一円でも、丹羽文雄より高い原稿料を出してくれなければオレは書かない」と言っていたといいます。もっとも、丹羽文雄のほうは舟橋を問題にもしていなかったといいますから、このあたりが人間関係の面白いところでしょう。
嫉妬心が強かったことでは、森鷗外《もりおうがい》も有名です。鷗外の嫉妬心がいかに強かったか。そのことについて、私は『文豪たちの大喧嘩』で書きました。たとえば、こんなふうに——。

鷗外の見るところ現下の〔坪内《つぼうち》〕逍遥《しょうよう》は、「その地位人より高きこと一等」である。文壇のみならず医学界操觚《そうこ》界のどちらを向いても、対峙者の「地位」に神経質なのは鷗外の素直な性情であったが、逍遥の指導者づらが癇《かん》にさわる一因は、明治二十三年一月の前後から文学新聞の旗幟《きし》を鮮明にした『読売新聞』で、逍遥が文藝欄の主筆格として、旺盛な評論活動を始めた成り行きであったろう。そこで鷗外は『読売』紙上を飾る、逍遥の評論文を逐条審議するのだが、……

鷗外は明治十七年にドイツに留学。帰国すれば、当然自分は文壇（操觚界）の第一人者になるべきであると思っていた。ところが、四年後いざ帰ってみると、坪内逍遥という男が羽振りをきかせているではないか。『小説神髄』を書き、『当世書生気質《とうせいしょせいかたぎ》』で当て、「読売」の文藝欄の主筆となり、文壇を牛耳っている。鷗外には、これが許せなかった。だからもう逍遥をどうやってやっつけるか、鷗外は一所懸命頭を悩ましたのである。

その努力にはまことに平伏《へいふく》すべきものがありました。嫉妬心がよほど強くないとつづかないような執拗《しつよう》さで「逍遥征伐」をやった。詳しい顚末《てんまつ》は、拙著『文豪たちの大喧嘩』をご覧ください。

ちなみに、こうした鷗外の嫉妬については最近もフランス文学者の鹿島茂《かしましげる》さんが『ドーダの近代史』で具体的に例を挙げて書いています。

プロレタリア文学を代表する中野重治《なかのしげはる》も嫉妬心の強い男でしたから、自分より先に世に出て『太陽のない街』で評判を取り、戦前の日本にプロレタリア文学を定着させた徳永直《とくながすなお》を許そうとしませんでした。中野がとくに憎んでいたのは、当局の弾圧が厳しくなったため、昭和十年ごろ、徳永直が『太陽のない街』の絶版宣言をしたことです。

昭和十年前後というのは小林多喜二《こばやしたきじ》が惨殺された直後です。そのとき絶版宣言するのはいまからみてもやむをえなかったと思います。そうしないで版《はん》を重ねていたら小林多喜二の二の舞いになっていたかもしれない。だから徳永直も絶版宣言をしたわけです。

中野自身も転向しています。ただし、絶版宣言まではしていない。そこに引け目を感じていたのでしょうか、戦後になると中野重治は徳永直をとことん苛《いじ》めたと、文藝評論家の小田《おだ》切《ぎり》秀雄《ひでお》さんから聞いたことがあります。

もっとも、徳永直も徳永直です。戦後、『太陽のない街』がソ連で翻訳されると、日本共産党系の文学組織「新日本文学会」へ出向いてこう嘯《うそぶ》いたといいます。「諸君も、ぼくの『太陽のない街』の研究会を開いて勉強したらいい」と。中野重治とどっこいどっこいかもしれません。

それから島木健作《しまきけんさく》——。彼は昭和十二年に『生活の探求』正続という作品を書いてプロレタリア文学系統のいわば最後の花を咲かせました。すると中野はこれに対しても、これほど憎たらしい評論はないというほど意地の悪い評論を書いています（「ねちねちした進み方の必要」）。とことん細部をあげつらって叩いた挙句、それらの素材は殆《ほとん》どすべて現実の日本農村のものでないことが誰にもわかろう、とバッサリ切り捨てています。

中野はそんなふうにきわめて嫉妬心の強い男でしたから、初代全学連委員長だった武井昭《たけいてる》夫《お》という左翼評論家は、一将功《いっしょうこう》なり万骨枯《ばんこつか》る、と喝破しています。中野重治だけは見事な全集が出て、ほかのプロレタリア作家連中はほとんど忘れ去られてしまった、という意味です。

## 嫉妬で身を滅ぼした山田美妙

嫉妬のあまりに身を滅ぼした文士として山田美妙《やまだびみょう》を挙げておきます。

美妙は尾崎紅葉《おざきこうよう》と帝大の同期生で、若いときからの友だちでもあったから、ふたりして硯友社《けんゆうしゃ》という文学団体をつくった。紅葉は生れながらの親分気質であったから硯友社でもトップに立つ。美妙は紅葉の影になる。それが美妙には面白くなかった。言い換えれば、紅葉に烈しく嫉妬した。

それを見抜いて、「わが社では今度、『都の花』という小説雑誌を出しますので、ぜひとも主幹に」と美妙を誘ったのは金港堂という出版社だった。その誘いに応じて硯友社を脱退した美妙は、『都の花』を根城《ねじろ》に紅葉と渡り合おうとしたのだが、ほかの仲間を迎え入れたわけでもなく、ただ単に硯友社を見返そうとしただけであったから、ものの見事に失敗した。

わが国では、一度同盟関係を組んでおきながら、そこから脱退して成功した例はほとんどありません。そうした脱退劇を目にすると、日本人はある種の裏切り、と感じるのか、抜け出した人間に対して非常に冷たい態度を取るのです。これは日本社会の特色として覚えておく必要があると思います。

近いところでは、落語協会の柳家小さん《やなぎやこ》と三遊亭圓生《さんゆうていえんしょう》の分裂劇があります。

小さんは、若いときは落語がうまかったけれども、年をとってからはダメになりました。ところが政治手腕だけはありましたから、落語協会の会長に就任すると、若い落語家の歓心を買うためにどんどん真打《しんうち》をつくりました。いわば、粗製乱造。それを見てかんかんに怒ったのが三遊亭圓生です。そこで落語協会を飛び出したのです。

そうなると、圓生の一番弟子・三遊亭円楽《えんらく》もいっしょに協会を飛び出さざるをえない。圓生はあちこちの贔屓《ひいき》筋を頼って全国各地をまわりました。円楽もいっしょについていく。円楽は落語家としていちばん大事な時期に圓生のお供《とも》をしなければならなかったから大成できなかったし、圓生もついに没落せざるをえませんでした。

誰が考えても、小さんのやり方のほうがイヤらしい。ろくに話もできない噺家《はなしか》を真打にして人気取り政策をしたわけですから、非は小さんのほうにありました。また藝《げい》の格からいっても圓生のほうがはるかに上でした。しかし、日本社会における「世間」というものは脱退者を許さないのです。

山田美妙の場合も、晩年は女性問題もからんで非常に落魄《らくはく》してしまいました。

そこで思い出すのは大ジャーナリスト・三宅雪嶺《みやけせつれい》の回顧談です。

美妙が大いに現れ、紅葉が未だ現れなかつたとき、私が紅葉に会つて、美妙のことを聞いた。紅葉の言ふには、あいつは力のない癖《くせ》に、いい気になつてゐると、目の敵《かたき》にするよりも、敵とするに足らぬとする状態であつて、果《はた》して紅葉の予想通りになつた所、徒《いたずら》に慢罵《まんば》するのでなく、力量を見分けるのが眼識であつたとせねばならぬ。

## 嫉妬されなかった有名人

では、社会的に有名でありながら、ほとんど（まったく）嫉妬されなかった人はいるでしょうか。探してみると、やはりいます。

私は明治・大正の雑本《ざつぼん》ばかり集めて当時の評判を調べたことがあります（それは『遊星群』全二巻にまとまっています）。すると、有名人でも悪口を言われない人が何人もいることに気づきました。

まず、三宅雪嶺。

いま述べたように、三宅雪嶺は徳富蘇峰《とくとみそほう》と並び称された大ジャーナリストです。

蘇峰はとことん世間受けを狙ってベストセラーを連打、ジャーナリズムでたいへんな力をもつようになります。それに対して雪嶺は、『中央公論』とか『改造』といった大きな雑誌には書かない。もっぱら、自分たちがカネを出し合って刊行していた同人雑誌『日本及日本人』のようなところに書いていました。つまり、売名はいっさいしなかった。

そんな人ですから、雪嶺に対する悪口は読んだことがありません。

中江兆民《なかえちょうみん》も同様です。

兆民は、ルソーの『社会契約論』を『民約論』と題して訳出したことで知られていますが、彼の学問がいかにいい加減なものであったかは、鹿島茂さんが『ドーダの近代史』で証明しています。しかし兆民という人は、絶対に世にときめくようなことはしませんでした。隠者《いんじゃ》のような姿勢を崩さなかった。そのせいか、やっぱり悪口は見当りません。ただ一人の例外は正岡子規《まさおかしき》でしょうか。

夏目漱石《なつめそうせき》に対する悪口も見当りません。

漱石は帝国大学の講師でしたが、次は教授になることが確実だと言われていました。ところが漱石は、目の前の「帝大教授」の座をなげうって朝日新聞に入ります。「新聞記者と押売りは入るべからず」という紙が玄関に貼られていた当時、漱石は社会的地位の低かった新聞にさっさと移った。しかも文学博士号を蹴《け》っています。悪く取れば、一種のパフォーマンスにも見えますけど、国民みんなから共感を得た人だと言えます。

大実業家・渋沢栄一《しぶさわえいいち》も悪口の聞かれない人でした。

彼は晩年、もしワシが財閥をつくろうと思えばいつでもできた、と、孫の渋沢敬三《けいぞう》に語っています。日本中に五十近くも株式会社をつくり、それを育成した人ですから、「渋沢財閥」をつくろうとすればできたことは間違いありません。ところが実際には、自分のつくった会社の株は一社について一〇パーセント以上もとうとしませんでした。経済界の育成だけに力を注いで、自分ひとりで貯め込むようなことはしなかった。悪口を言われるようなスキを与えなかった人です。

ちなみに、幻想文学で知られた澁澤龍彦《しぶさわたつひこ》は渋沢栄一の家系に連なる人でした（龍彦の家が渋沢本流、栄一が支流）。

それから、原富太郎《はらとみたろう》。

この人の号は三溪《さんけい》と言います。横浜に住んでいて、その邸宅はいま「三溪園」として公開されています。生糸《きいと》の輸出で儲けた人ですが、書画骨董の収集では明治・大正・昭和を通じて最高と言われました。

骨董の収集では三井財閥を率いた益田孝《ますだたかし》、号・鈍翁《どんのう》も有名ですが、鈍翁はかなり強引なところがありました。ところが三溪は、強引なことは絶対にしない。必ずしかるべきルートを通じて収集し、また優れた目利きでもありました。しかも、第一次大戦後の生糸大暴落のときは関東一円の生糸生産業者に資金援助をしています。これでは悪口の言われようがありません。

こんなふうに、世間から嫉妬されずに世を送った人もいます。松下幸之助や阪急電鉄の創設者・小林一三《こばやしいちぞう》をここに加えてもいいでしょう。

ただし、こうして一生を通じて嫉妬を受けなかった人も計画的にそうしたわけではないと思います。すべてその人の人柄と成り行きですから、こうした人たちの生き方から、「こうすれば嫉妬されない」という法則を引き出すわけにはいきません。

もっとも、あまり威張らない、謙虚にする、といった共通点はあるように思います。現に、夏目漱石には――、

菫《すみれ》程な　小さき人に　生れたし

という句があります。嫉妬されないためにはそうした心がけが必要であることはたしかです。

## 蘇峰と雪嶺

嫉妬を避ける方法はないけれども、嫉妬されずに幸福な一生を送った人はいる。

では、それはどういう原因・結果であったのか。上述したように、その法則は見つけられませんが、徳富蘇峰と三宅雪嶺の生き方の違いを見ることによって、ぼんやりとではあるけれど何かが見えてくるように思われます。

蘇峰は天下の大記者として日本一の存在でありつづけた男です。

蘇峰の偉さがうかがえるのは、日露戦争後のポーツマス条約のときの言論です。蘇峰は、日露戦争は日本が勝ったのではなくロシアが負けたのであると認識していました。それは司馬遼太郎が『坂の上の雲』で書いているとおりです。ところが条約締結になると、戦勝に浮かれた当時の国民は、「樺太《カラフト》も沿海州もみんな取ってこい」と言い出しました。朝日新聞、毎日新聞もそうした気運をどんどん煽《あお》り立てた。だから条約を結んで帰国した外務大臣・小《こ》村寿太郎《むらじゅたろう》は東京駅に降りることができなかったほどです。

国民の熱気がそんなふうに燃え盛っているとき、蘇峰だけは『国民新聞』に「日本はこれ以上のことは要求できない」と正論を書きました。ひとり、国民に真実を訴えたのです。そのため国民の怒りを買い、国民新聞社は焼打《やきうち》に遭《あ》って全焼してしまいます。それ以後二度と

『国民新聞』はかつての隆盛を取り戻すことはできませんでした。

しかし、信念を曲《ま》げず正論を貫《つらぬ》き通した点、蘇峰は偉かったと言えます。

同時に蘇峰は、天下の新聞記者という名声を確保するために、あらゆる手を尽くした男でもあります。五十七歳のときから『近世日本国民史』の執筆をはじめ、完成にはいたらなかったけれども全百巻を残しています。

主宰した民友社が大正の終りにつぶれると、蘇峰は毎日新聞へ乗り込み自分専用の部屋をつくらせ、そこへ子分をみな連れていってたちまちのうち不死鳥のごとく甦《よみがえ》ります。そして『近世日本国民史』を毎日新聞にずっと連載、さらには『大正の青年と帝国の前途』や『昭和国民読本』など、出せば百万部という本を出しつづけます。「大東亜戦争たたかうべし」と、徹底的に煽ったのも蘇峰でした。

一方の雪嶺は、蘇峰とは正反対。

絶対に日の当るところへは出ようとはしませんでした。熊本の塾出身の蘇峰に対し、雪嶺は帝国大学の出身で、若いときに『宇宙』という大部の本を書き、名声は一世を覆《おお》わんばかりでした。しかしオモテ舞台には出ようとしなかった。したがって、雪嶺がほんとうは何を考えていたのか、最後の最後までわかりません。私はそれを突き止めたいと思っているのですが、どうしてもわかりません。

　とにかくオモテへは出ないで、自分たちがつくった『日本及日本人』という同人雑誌にばかり書いていました。ただし、いろんな人が「序文を書いてくれ」といってくると、そのときだけは口述をする。また婦人雑誌には書きました。『主婦の友』が天下を制するまで婦人雑誌の代表だった『婦人之友』にはずいぶん書いています。なぜそんなにも意地にならなければならないのかと思うくらい、日の当らない雑誌にばかり書く。しかもそれがほとんど未完に終っているのです。

　その一方で、野依秀市《のよりひでいち》という、明治・大正・昭和のジャーナリズムを通じていちばんの鼻つまみ者の面倒を見ています。野依という男はしようもないパンフレット作家で、悪名天下に轟《とどろ》いた男ですが、雪嶺は彼を近づけています。もうひとり、野依の面倒を見たのが渋沢栄一でした。

　雪嶺が終戦の年に亡くなると、日の当らない雑誌に未完のままで終った厖大《ぼうだい》な原稿が残されていました。それを、戦後のあの出版のむずかしい時期に全部単行本にして刊行したのが野依です。私はそれがゾッキ本として古本屋の店先に積み上げてあったのをよくおぼえていますが、野依はそうやって雪嶺に恩返しをしたのです。

渋沢栄一が亡くなったのは昭和六年です。すると、十年後の昭和十六年、野依は残されていた渋沢栄一関係の写真をすべて集め、写真による渋沢栄一伝をつくっています。後ろのページには渋沢栄一が関係した会社名と福祉関係の組織、合わせて三百近いリストをつけて大きな本を出しました。

その序文は雪嶺が口述したものですが、それは私の知るかぎり、渋沢栄一を評した文章としては史上最高です。

雪嶺曰く――「渋沢翁は金持ちとなるに於《お》いて、必ずしも大成功者と称し得ないかはり、人間として何処《どこ》まで行動し得るかを世に示すに於いて多く類を見ないことになる。事業を成し遂げるには〔岩崎《いわさき》〕彌太郎《やたろう》や〔安田《やすだ》〕善次郎《ぜんじろう》や真に天晴《あっぱ》れと称すべきも、人が悉《ことごと》く彼等の如《ごと》くなつては聊《いささ》か殺風景に過ぎるかにも感ぜられる」と。

## 漱石神格化の謎

私は最近、徳川家の「十九代さま」（家広《いえひろ》さん）に何度かお目にかかる機会がありました。先日も十九代さまから、「なぜ夏目漱石はあそこまで神格化されることになったのか、その理由を教えて欲しい」と言われたので、知っているかぎりのことをお教えしましたが、かいつまんでそれを記しておきます。

第一に、漱石はイギリス仕込みだから経済の観念が非常にはっきりしていた。日本でいちばんたくさん印税を取ったレコード・ホルダーである。長篇小説の出版となると、三社ぐらい呼んで入れ札をさせ、いちばん高い印税を払ってくれる出版社に原稿を渡したという。

ところが、それだけ経済観念の発達した漱石が『こころ』という代表作の版権については、突如として方針を変えた。ついこのあいだまで神田の片隅で古本屋をしていた岩波茂雄《いわなみしげお》というイガグリ頭の男に原稿を渡したのである。岩波茂雄はありがとうございますと礼を言ったが、こうつづけたという。つきましては、出版するお金もないので貸していただけませんでしょうか、と。そこで漱石はカネも貸してやった。

ここが謎なのである。漱石ほどの作家だから印税はいくらでも払います、という出版社は多かった。それにもかかわらず、いったいなぜ出版費用もない岩波茂雄に『こころ』の版権を渡したのか。

漱石は岩波茂雄という男を見込んだのであろう。

じっさい、岩波茂雄は『こころ』の版権を財産にして岩波文化を築き上げた。大正五年、漱石が亡くなると、一周忌までに『漱石全集』を刊行し、それから今日まで、岩波書店は十年ごとに『漱石全集』を出しつづけている。そして漱石の弟子の小宮豊隆《こみやとよたか》に『夏目漱石』という評伝を書かせた。

ともあれ、漱石という存在をあれだけ大きくしたのは岩波茂雄であったことは間違いあるまい。

では、漱石が神格化されるようになったのはいつかと言えば、少なくとも昭和初年はまだそこまではいかなかった。

大正十五年、いまにもつぶれそうだった改造社が『現代日本文学全集』という円本《えんぽん》（一冊一円の全集本）を出したとき、第一回配本は漱石ではなかったことからもそれはわかる。

第一回配本を誰にするか、それが全集のその後の売れ行きの決め手になるのは出版界の常識である。そのとき第一回配本に選ばれたのは尾崎紅葉だった。第二回配本は樋口一葉《ひぐちいちよう》および北村透谷《きたむらとうこく》の二人で一冊。漱石はずっとあとの巻になる。ということは、大正十五年（この年は昭和元年でもある）ないし昭和二年の時点において、漱石はまだ神格化されるところまではいっていなかったと言えよう。

ところがその後、岩波書店が岩波文庫や「岩波講座」シリーズといった新企画を当て、出版社を代表するような大きな存在になっていくとともに、漱石の評判も次第に高くなっていった。岩波書店に抱え込まれた漱石の残した弟子たちが、「漱石、漱石」と囃《はや》し立てたのも大きかった。

あるいは昭和二年の芥川龍之介《あくたがわりゅうのすけ》の自殺も、漱石の神格化および岩波発展のきっかけになったといえるかもしれない。芥川が遺書に、「自分の全集は漱石先生とゆかりの深い岩波書店から出して欲しい」と書いたからである。

僕の作品の出版権は（若《も》し出版するものありとせん乎《か》）岩波茂雄氏に譲与すべし。（中略）僕は夏目先生を愛するが故《ゆえ》に先生と出版肆《しゅっぱんし》を同じうせんことを希望す。……

したがって漱石神格化がはじまるのは、どんなに早く見ても、芥川の自殺以降と考えていいであろう。

そしていまや、漱石とほかの作家を公平に比較・検討することは不可能となった。漱石のみ神棚の上に乗せられてしまったからである。もちろん、そうなったのは岩波茂雄を見込んだ漱石の眼力《がんりき》にもよるわけだが、しかしなぜ漱石が岩波を見込んだのか、この点は依然として不可解である。日本出版史の謎のひとつ、と言ってもよい。

明治文学にあっては、幸田露伴の書くものが高級でむずかしく、最もインテリ向けとされてきた。尾崎紅葉の人気は抜群であったが、彼の『金色夜叉』を純文学の上質なものと思う者は誰もいなかった。質では「露伴第一」である。ところがその露伴が明治三十八年、長篇『天うつ浪』の筆を途中で放り出してしまう。それによって高級知識人向けの小説は無くなってしまった。その直後に登場したのが漱石で、うまい具合に露伴から漱石へのバトンタッチが行われたと言えよう。

そんな漱石にひきかえ、森鷗外が亡くなったとき『鷗外全集』を出そうという出版社は一社も無かった。そこで新潮社の創業者・佐藤《さとう》義亮《ぎりょう》が気の毒に思って音頭をとり、三社ほど集って「鷗外全集刊行会」をつくってなんとか格好だけはつけたものである。

鷗外は生涯、漱石を羨み妬んでいたが、漱石のほうはまったく気にも留めていなかった。ふたりの資質の相違というべきか。

周知のように鷗外は遺書に、「余ハ石見《いわみ》人《じん》森林太郎《りんたろう》トシテ死セント欲ス」「墓ハ森林太郎ノ外《ほか》一字モホル可《べか》ラス」と記しているが、この言葉になにやら負け惜しみに近い感情が籠もっているように思うのは私だけではないであろう。

第5章

# 嫉妬の日本史

## 最澄vs空海

日本史における嫉妬の事例はたくさんありすぎて、挙げていったらキリがありません。ただ、人物の大きさ・ランクからいって日本史上屈指の嫉妬といえるのは天台宗《てんだいしゅう》の始祖・最《さい》澄《ちょう》に対する真言宗《しんごんしゅう》の開祖・空海《くうかい》の嫉妬ではないでしょうか。

最澄は当時の桓武《かんむ》天皇に見込まれ、唐《とう》の都・長安へ留学生として差し向けられます。そのころの長安は世界の最先端都市ですから、そこで新しい仏教を学んでこいというわけです。最澄はいわば高級官僚でした。もっとも、最澄は長安を通過せず一気に五台山を目指したのですが——。

一方の空海は私度僧《しどそう》です。当時、正式な僧侶になるには試験を受けて認定されなければなりませんでしたが、空海はその認定を受けていません。いわば、勝手に坊主になった男である。

したがって、最澄と空海のあいだには天と地ほどの差がありました。

そうした空海の嫉妬について司馬遼太郎はこう書いています。

（最澄とは、そういうやつなのか）と、自分とおなじこの新人のめぐまれ方に対し、ひとには洩《も》らしがたいほどのなにごとかをこのとき鬱懐《うつかい》したかと思われる。その感情を嫉妬と名づけてやるのは酷《こく》であるかもしれない。しかし空海の固有の感情の量のおびただしさからみてそれは劇烈なものであったであろう。空海は後年、最澄に対してつねにとげを用意した。お人よしの並みな性格ではとうてい為《な》しがたいような最澄に対する悪意の拒絶や、痛烈な皮肉、さらには公的な論文において最澄の教学を低く格付けするなどの、いわばあくのつよい仕打ちもやってのけた。それらの尋常ならざることどもは、このときの鬱懐が最初の発条《ばね》になったにちがいない。（『空海の風景』）

そんなふたりが同じ遣唐船で唐へ向うことになります。空海は私度僧でしたが、カネだけはたくさん集めていました。司馬さんは、地元の讃岐《さぬき》（いまの香川県）で集めたのだろうと想像していますけれども、それではとても間に合わないほど莫大なカネを集めています。しかし、いまで言えば「国費留学生」の最澄はそれよりずっと莫大なカネを支給されていた。そこで、恵まれきった最澄に対する空海の嫉妬心はますます募ることになります。そしてそれは行動にもあらわれる。

空海の渡航目的は真言密教《しんごんみっきょう》を極めること。それに対して、最澄は天台宗の経典を持ち帰ること。ただし最澄も密教の噂を聞き込み、密教にも色気を見せた。

さてそこで、当時はまだわが国に輸入されていなかった密教の根本義をどちらが先に身につけるか、先陣争いが演じられた。

まず、最澄に帰国の日がやってくる。最澄は天台の経典を集め、密教の一端にも触れて先に帰国した。それでも日本に帰れば、最先端の唐で学んだ宗教界の「輝ける星」である。朝野《ちょうや》併《あわ》せて大変な歓迎を受けたことは言うまでもない。比叡山に、いまで言うなら「一大文化センター」とも言うべき延暦寺《えんりゃくじ》を建ててもらい、そこのトップの座に納まった。そして天台宗および密教の一大権威と仰がれるようになるのである。

一方の空海は、長安の都にひとり残った以上、パーフェクトをめざして密教の頂点に立つ高僧・恵果《えか》から相伝の法を受けようとする。司馬遼太郎によれば、「自分の行動についてはすぐれた劇的構成力をもっていた」空海は、すぐには恵果に会いに行かなかった。空海には詩文の才があったから、長安の高官たちが愛唱するような詩をつくるかたわら、密教についての学識がどれだけ深いかを示すような文も編《あ》み、長安のインテリのあいだで自分の評判が高まるのを待った。「空海」という株価が高騰するよう仕掛けたのだ。

日本から空海という空前の天才がやってきて密教の学統《がくとう》を継ごうと願っている……。都にそんな噂が広まるのを待ったわけである。その評判がやがて恵果の耳に達し、さらには恵果が、「空海とやらはまだ来んのか。まだ来んか」と焦《じ》れるころ、やっとその門を叩いた。以下は『空海の風景』にある叙述である。

> 恵果は空海を抱くようにしてよろこび、待つことが久しかった、といって、相伝の法をことごとく授けた。

司馬遼太郎に言わせれば、もし空海がまともに恵果の門を叩いていたら修行に五年はかかったことだろう。それを空海はあっという間にやってのけた。まさしく空海は、自分の行動についてはすぐれた劇的構成力をもっていた、のである。

かくて真言密教の相伝を受け、当時の最高の経典を手に入れた空海は勇んで帰国した。九州に着く。ところが、策略家の空海のことだから、スッと京へは上らない。九州に長くとどまり、またしても焦《じ》らし作戦である。都に「空海待望論」が高まるまで姿をあらわさない。

本場の密教の学統を継いだ空海はいつ京へやって来るのか。まだか。まだか……。

したがって京に上ったとき、空海はすでにして密教の第一人者であった。

ふたたび司馬遼太郎の感想に耳を傾ければ、空海は、「勅宣《ちょくせん》をもらうように仕向けてゆき、そのことに成功した」、「宮廷の心理を、筑紫（九州）にあって操作していた」成果である。そして嵯峨《さが》天皇から呼び出しがかかると、どういう話し合いをした結果か、空海は高野山を真言宗の本山とする許可を得た。

私は、空海のこの土地勘は凄いと思います。最澄が本拠とする都（京都）から絶望的に遠く離れたところではなく、しかも神々《こうごう》しい熊野をバックにした霊山・高野山（和歌山県）は絶妙な選択、というべきです。そして、この高野山金剛峯寺《こうやさんこんごうぶじ》がやがて真言密教の総本山となるのは周知のとおりです。

空海の出現に往生《おうじょう》したのは最澄である。ついきのうまでは、自分が最先端のファッションであったのに、「空海」というさらに新しいモードが上陸してきたからだ。下手をすれば自分は流行後《りゅうこうおく》れになりかねない。

そこで最澄は空海に何度か手紙を出している。空海は密教の経典をひと揃いもっているが、自分はその断片しかもっていない。こちらは欠本、貴兄は完本。欠けているところを見せて欲しい、写させて欲しい、と訴えたのである。

当時のこととして、自分が所有している文献が足りない場合、その所有者に手紙をやって頼み込めば学問上の友人であるかぎり写させてもらえるという習慣があった。だから最澄も空海に頼み込んだのである。

ところが空海はそれを断わってきた。意地の悪い返事であった。

——密教は文献だけで会得できるものではない。しかるべき階梯《かいてい》を踏まなければ相伝の法を理解することはできない。それゆえ文献だけお貸しするわけにはまいらない、と。「そこを何とか」。「いや、ならぬ」。

その底意地の悪い手紙はいまも残っています。嫉妬心とはこういうものか、ということを示す物的証拠としては、まず申し分のない手紙です。それをそのまま引いておきます。

　我もし非法にして伝へば、則《すなは》ち将来求法之人《ぐほうのひと》、何に由《よ》つてか求道之意を知るを得ん。非法の伝受、これを盗法と名《なづ》く。則ち是《こ》れ、佛《ほとけ》を誑《あざむ》く。又秘蔵の奥旨《おうし》は文を得ることを貴しとせず。唯《ただ》、以心伝心に在《あ》り。文はこれ糟粕《そうはく》なり、文はこれ瓦礫《がれき》なり。糟粕瓦礫を受くれば、則ち粋実至実《すいじつしじつ》を失う。真を棄《す》てて偽を拾うは、愚人の法なり。(『続性霊《しょうりょう》集補闕鈔《しゅうほけつしょう》』)

早い話が、密教の教えは秘伝を体得するところにあるのだから言葉によっては伝えられない。言葉はいわば、カス、ガレキのようなもので、それに固執すれば真実は失われる。にもかかわらず、真実を捨てて偽物《にせもの》を拾おうというのは愚《おろ》かな人間のすることだと、空海はいったわけです。愚人、とまで言っています。そして、もしどうしても真言密教が知りたければ私の弟子になれ、と言わんばかりの勢いが感じられます。

こうして、ふたりは六年間ぐらい比叡山と高野山で対峙《たいじ》していたが、そのうち最澄のほうが先に亡くなってしまう……。

そこで司馬さんはこんな感想を洩らしています。

空海は強烈なほどに思弁的な人間ではあったが、同時に、同一人物の中にそれが同居しているとは思えぬほどに経済にあかるく、人間の営みのエネルギーがそこにあることを学ぶことなしに知っていた。

僧侶の世界と学者の世界はいっしょで、いったんこの世界に入ると、嫉妬の渦に巻き込まれ、そこから逃れることは困難です。文化界というのは名声を追う世界だからです。だからこそ、伊藤整も前述したとおり、あらゆる作家は名声乞食である、と言ったのです。官僚のあいだにも、横の連絡はいっさいしないという伝統があります。自分と同列の者には絶対に資料を見せない。それと同様に空海も、自分が持ち帰った密教の経典を抱え込んで、ついに最澄には見せませんでした。

空海の嫉妬心は「純粋嫉妬心」とでも呼ぶべきものです。文化人のそうしたイヤらしさを描いた点で、『空海の風景』は文学上の世界的達成だといえます。司馬さんでなければこのような人間性の根幹を衝《つ》いた作品は書けなかったであろう、というのが私の見方です。

## 頼朝の嫉妬心を煽った北条政子

その司馬遼太郎がいみじくもいったように――、

> 日本人はこれまでに人気者というものをもったことがなかった。義経においてはじめて持った。（『義経』）

源義経《みなもとのよしつね》は日本史上はじめての「人気者」であったというのです。いまの言葉で言えば

「スター」「アイドル」です。

では、義経はなぜスターになれたのか。いうまでもなく軍事的才能のおかげでした。一の谷、屋島、そして壇《だん》ノ浦《うら》で平家《へいけ》の軍勢をものの見事に叩きつぶしました。しかも、誰も考えつかないような戦法で――。いまで言うならゲリラ戦法で打ち破ったからこそ、「義経」という名は一躍スターダムにのし上ったのです。そこで、鎌倉に拠点をかまえ全国統一を狙っていた源氏の大将・源頼朝《よりとも》よりもその名は知れ渡ることになります。

そこで頼朝は異母弟・義経に嫉妬した……。

これは大いにありうることです。前にも指摘したように、賞賛されているのが身近な人間であればあるほど、嫉妬の炎はよく燃え上がるからです。

しかし私の見るところ、義経に対する頼朝の嫉妬心をいやが上にも煽り立て舞い上がらせた人物がいた。それは頼朝の妻・北条政子《ほうじょうまさこ》である。

ふつう政子のことを考えるとき、だれも「源政子」とは思わないし、そう呼ばない。みな、「北条政子」と呼んでいる。天下の権を自分の実家である北条家にもっていった女だから「北条政子」と呼ぶのである。

よく知られているように、頼朝は落馬して死んだといわれている。そんなことが信じられるだろうか。あの時代の源氏の大将が落馬するなど、これはちょっと考えられない。だから怪《あや》しい。

頼朝の跡を継いで第二代将軍になった頼家《よりいえ》も殺されている。

そして、三代将軍・実朝《さねとも》は暗殺された。

これら一連の「出来事」はすべて天下の権を実家・北条家にもっていくために政子が仕組んだものではなかったか。そのためには、自分の亭主である頼朝も、自分の生んだ子も殺してもかまわない、とまで思っていたのではあるまいか。

政子のおかげで北条家に天下の権が移ったのは歴史的事実である。とすれば、そこまでもっていくために政子はいろいろ画策したことであろう。頼朝の嫉妬心を思い切り煽り、アイドル・義経を窮地に落とし入れるのもそのひとつだったと考えられる。

義経はのちに後白河《ごしらかわ》法皇から検非違使《けびいし》に任じられ、頼朝の怒りを買うことになる。そのとき義経は、頼朝の怒りを解《と》くために京から鎌倉の手前の腰越《こしごえ》までやってきた。しかし、頼朝は会おうとはしない。そこで義経は哀訴嘆願の手紙を出している。

それが有名な「腰越状《こしごえじょう》」です。そこにはこんな一節があります。

当家ノ面目、稀代ノ重職、何事カコレニ加ヘンヤ。

自分が検非違使に任じられたのは、当家（源氏一族）にとって名誉なことではありませんか——という意味である。

早い話が、義経は軍事的には天才だったけれど、どうしようもないくらいの政治音痴であった。頼朝がなぜ怒っているのか、まったくわかっていないのである。そうであれば頼朝は、面会はしないまでも誰か腹心をやって、おまえの考えていることは違うのだ、おれは天下を取ろうとしているのだから、後白河法皇などにうまく操《あやつ》られて任官してはダメなのだ、と義経を諭《さと》せばよかった。しかし頼朝はそうしなかった。

そうさせなかったのが妻の政子ではあるまいか。アイドル・義経が兄・頼朝と仲直りしたら、北条家へ天下の権を移すのが遅れてしまう。したがって、義経に対する夫の嫉妬心を煽り立てた……。

もうひとり、嫉妬心という観点から注目すべきは大江広元《おおえのひろもと》という存在であろう。

大江広元は藤原《ふじわら》家の亜流の貴族だったが、王朝時代、京の宮廷ではどうしても出世できなかった。ウダツが上がらなかった。ただし、たいへん才能のある野心満々の男だったから、鎌倉幕府ができると頼朝と組んでその基礎を築いている。初期の鎌倉幕府の運営プランは頼朝ひとりだけのアイデアではなかったであろう。むしろ大江広元が計画を立てたと考えたほうがいいのではあるまいか。

しかし彼は鎌倉幕府において要職には就《つ》いたけれども、絶対にそれより上位には上ろうとしなかった。関八州の武士たちが樹立した鎌倉政権にあって、京都から流れてきた自分がしょせんは余所者《よそもの》であることを知っていたからだ。そんな自分が高位に就いたら嫉妬の集中砲火を浴びることは火を見るよりも明らかではないか。だから、しゃしゃり出なかった。大江広元はまさに策士と呼ぶにふさわしい人物であった。

したがって、三代将軍・源実朝が暗殺されて北条家の天下になっても、大江広元は悠然として生き延びている。北条執権時代にはさすがに地位が上ったが、それでも絶対に上から三番目以上の位には就こうとしない。北条家ないし北条家の古くからの家臣から憎まれないよう、嫉妬されないよう、身を慎《つつし》んでいたわけである。

大江広元のような人間を、煮ても焼いても喰えない男、というのであろうが、しかしそれくらいでないと混乱の時代を生き延びられなかったのもまた事実であった。

語』）。

## 嫉妬に滅ぼされた豊臣家

黒田官兵衛《くろだかんべえ》に対する豊臣秀吉《とよとみひでよし》の嫉妬についても、司馬さんが活写しています（『播磨灘物語』）。

周知のように黒田官兵衛孝高《よしたか》は、のちに如水《じょすい》と号し、最高の智謀を謳《うた》われた軍師です。幕末まで続く黒田藩（福岡県）五十二万石の祖となりました。

〔織田《おだ》〕信長《のぶなが》に反逆した別所長治《べっしょながはる》の三木城（播磨＝兵庫県）を攻めたとき、黒田官兵衛と竹中半兵衛《たけなかはんべえ》は何の打ち合わせもしないのに、「符牒《ふちょう》を合わすように考え」、「手筈を整え」、しかも「はたして推移はそのようになった」。それを見ていた秀吉は三木城陥落を喜びながらもこう思ったと、司馬さんは書いています。

「双方、話もせずに互いにそれだけの内容がわかるのか」と、秀吉は後刻《ごこく》、両人をみて笑ったが、表情に苦味が走った。嫉妬を覚えたのであろう。

黒田官兵衛にとどまらず、なにほどかの才能を内に秘めた者が生きているあいだ苦しめられるのが他者からの嫉妬である。他者からの嫉妬はどうやってもそれを打開する術《すべ》を見出せないからだ。

嫉妬ほど万人共通で、消すことのできない情念はあるまい。さすがの司馬さんも打つ手がなかったと見えて、こう附け加えるだけであった。「男が、同僚もしくは配下に対して感ずる嫉妬ほど厄介なものはない」。人間が人間であるかぎり、嫉妬というこの厄介な情念から解放される日はないのである。

石田三成《いしだみつなり》に対する加藤清正《かとうきよまさ》、福島正則《ふくしままさのり》以下の豊臣大名たちの嫉妬、これも天下を動かす嫉妬心だったと言えよう。というのも、それがもとになって関ヶ原の戦いのような、あんな奇妙な戦争が起ったからだ。

いや、あれを戦争と言っていいかどうか――。あれは「裏切りごっこ」だったと見るべきではないだろうか。

それはともかく、加藤清正は秀吉が天下を取るまでの前半生の功臣であった。だから、秀吉は清正に肥後（熊本）五十万石を与えている。ところが秀吉の後半生ともなると、今度は天下を治めなくてはならないから、清正とは違うタイプの武将が必要になってくる。そこで治世の臣として石田三成ら、五奉行《ごぶぎょう》を重用《ちょうよう》するようになる。

秀吉にすれば、清正ら過去の功臣たちに対してはしかるべく処遇したはずだという思いがあった。しかし清正たちにしたら、秀吉が三成ら五奉行を重んじるのが面白くない。太閤の恩顧・愛情はなぜわれわれに降ってこないのか――。三成らが妬ましい、と思うようになった。

経済界でも創業者が失敗する例は数多くありますが、その要因はたいていの場合、秀吉に似ています。すなわち、「創業の臣」と「守勢の臣」とでは主家《しゅか》（会社）に対する思い入れが違うのに、すべていっしょだと考えてしまうのです。そこに躓《つまず》きの石があるようです。

ともあれ、三成に対する嫉妬は憎しみに変り、加藤清正や福島正則はどす黒い不満の塊になっていく。それを家康は見逃さなかった。家康は秀吉が亡くなると、石田三成ら後半生の寵臣《ちょうしん》に烈しい嫉妬心を抱いている豊臣方の連中を全部抱え込んで、それを武力にして豊臣家を滅ぼしたのである。日本史上、指折りの策略家・政治家と言っていいであろう。さらに、ここに登場するのが秀吉の正妻・北政所《きたのまんどころ》である。昔の禰《ねね》です。

北政所は、秀吉の側室・淀君《よどぎみ》（昔の茶茶《ちゃちゃ》）に嫉妬していたのではないか。

淀君は秀吉の跡継《あとつぎ》である秀頼《ひでより》を生み、大坂城の主《あるじ》に納まっている。ただし北政所は、淀君が生んだ子・秀頼が秀吉の胤《たね》でないことに気づいていた。だれか影武者がいて、秀頼が生れたと想像していた。じっさい、秀頼は秀吉とは似ても似つかぬ大男であったという。そこで北政所は、清正や正則らの豊臣大名に「徳川方につきなさい」と指図したのではないか、と考えることもできよう。

果して北政所が淀君に嫉妬していたか否《いな》かについては、考え方がふたつある。

ひとつは、女としての北政所が女としての淀君に嫉妬していたという立場。

もうひとつは、北政所は従二位《じゅにい》だったから、女としては日本最高の位をもっていた。それに対して、淀君には何の位も無い。果してそんな淀君に北政所が嫉妬するだろうかという考え方だ。

そう言えば、私はかつて、ＮＨＫの大河ドラマのなかで淀君と北政所が同じ座敷で言い合いをするシーンを見たことがあります。あのときは思わず噴《ふ》き出してしまいました。腹を抱えて笑ってしまった。というのも、もしこのふたりの女性が顔を合わせたとすれば、北政所は座敷の奥の御簾《みす》の向うに鎮座して、淀君は庭の砂の上にひざまずいて頭を下げていなければいけないからです。ふたりのあいだにはそれぐらい、地位の差があったのです。そこまでの地位の差がありながら北政所がなおかつ淀君に嫉妬したであろうか、という問題が残るのです。

普通の女同士なら話は別だけれど、ふたりの地位には天と地ほどの差があった。そこまで差があると、嫉妬がはたらく余地はなかったのではないか。そう考えることもできますから、ここはどちらなのか、正直なところ結論は出ません。

ただし、淀君に対する嫉妬心があったかどうかとは別に、北政所が――豊臣家というものは夫である秀吉の代で終らせたほうがいい、と考えていたと見ることはできます。つまり、秀頼とその母・淀君、その臣・石田三成を筆頭とする豊臣家の支配よりも、もっと実力のある徳川家康に政権を委譲したほうが国も治まり、諸方円満にいくと判断していたのではないか。

司馬さんもそういう考え方でした。

それに対して反論を書いたのが評論家（京都大学名誉教授）の会田雄次《あいだゆうじ》先生です（『歴史を変えた決断の瞬間』）。

北政所は淀君に相当嫉妬していたはずだ。そこで家康を応援し、その結果、家康が天下を取ることになったわけだが、徳川幕府の統治方式は身分・格式などで人々を縛《しば》り上げ、とことん日本人を矮小化《わいしょうか》してしまった。その意味で、すべての元凶《げんきょう》は北政所にある、というのが会田先生の議論です。

司馬さんと会田先生のどちらが当っているのかわかりませんが、関ヶ原の戦いから徳川開幕までの間に、嫉妬心が時には強烈に、時には微妙にからんでいたことだけは確実です。

## 維新期に突出する大久保利通の嫉妬心

明治維新期では大久保利通《おおくぼとしみち》の嫉妬が目立ちます。これがのちの日本を大きく動かすことになる。

人柄も大きく人望があった西郷《さいごう》〔隆盛《たかもり》〕を太陽とすれば、大久保は月。太陽に肩を並べるために大久保は維新期のどさくさのあいだにかなりの無理をしている。

幕末期、京の宿屋を舞台にした大量殺戮《さつりく》としては、三条の池田屋事件と伏見の寺田屋事件が有名です。

池田屋事件の場合、そこに集《つど》っていた勤皇派を殺したのは新撰組《しんせんぐみ》であったから、これはわかりやすい。互いに敵対する立場の争闘だから当り前の話である。

ところが寺田屋事件の場合、薩摩藩の先走った尖鋭《せんえい》分子を殺したのは同じ薩摩藩士だった。あの時代、多くの白刃《はくじん》が舞ったけれども、ある藩士たちが同じ藩の武士グループを襲撃した例はほかに見当らないところからすれば、寺田屋事件がどれくらい異常な出来事であったかが知れよう。

この寺田屋襲撃を命じたのは、薩摩藩の事実上の藩主・島津久光《ひさみつ》と見られている（名目上の藩主は息子の島津忠義《ただよし》。久光は「国父」と呼ばれていた）。

だがそこで私が疑問に思っているのは、久光がどれだけねじくれた根性の持ち主であったにしろ、討手《うって》に直接命令しただろうかという点である。

寺田屋に乗り込んだ連中は身分が低い。事実上の藩主である久光と同じ座敷で話ができるような関係ではない。したがって、久光は奥の座敷の御簾のなかにいてその前に討手がひざまずいて命令を聞く、ということもちょっと考えられないのである。そうだとすれば、両者のあいだを取り持つお側役《そばやく》が当然いなければならない。それは、大久保利通ではなかったか。大久保はそのとき、久光を諫《いさ》め、たしかに向うは先走っているけれども薩摩藩士同士が斬り合うのはいかがかと思います、と言上してしかるべきであった。しかし大久保はそうはしなかった。いや、久光を唆《そそのか》したのではないか、とすら考えられるのである。というのも、西郷と張り合っていくなかで大久保はますます「冷血」の趣を強めていくからである。

それを見抜いた司馬さんは、『歳月』のなかで大久保の所業を生々しく描いて、彼の人となりを見事に浮き彫りにしています。

天誅組《てんちゅうぐみ》の田中河内介《たなかかわちのすけ》とその子を護送する任を帯びた大久保は、船の上に牢をつくり、後ろ手に縛り足枷《あしかせ》をはめた親子をそこに転がしておき、船が小豆島《しょうどしま》の沖を通過するころ、そのまま槍でめった突きにして殺し、海に放り込んだ。

のちに、明治《めいじ》天皇の前で豊後岡《ぶんごおか》藩士・小河一敏《おごうかずとし》が「田中河内介殿を殺しましたるはこの大久保一蔵《いちぞう》（大久保利通の旧名）でございます」と、大久保を指さしたときは、さすがの大久保もついに顔を上げることができなかったという。

しかし、それで変るような大久保ではなかった。参議《さんぎ》として肩を並べていた司法卿・江藤《えとう》新平《しんぺい》を蜂起（佐賀の乱）に追い込むと、ただちに江藤を処理すべく、出世主義者の河野敏鎌《こうのとがま》を裁判長に据え、ワンセットの法廷を福岡に用意している。そして、江藤新平を梟首《きゅうしゅ》（さらし首）にしたのである。

そのうえ大久保は、日記にわざと「江藤」の名を「江東」と記し、「江東、陳述曖昧《あいまい》、実に笑止千万、人物推して知られたり」と書いたと、司馬遼太郎は『歳月』に記している。

これはどういうことか。

司馬さんはこう書いています。

この一行を入れた（中略）大久保は自分の日記が後世に伝わることを当然知っており、

かれは江藤を刑戮《けいりく》したばかりかその死後にまで江藤に対する史家の評価を決定づけようとした。

政治における嫉妬と憎悪と怨念の塊である大久保は、江藤を徹底的に破滅させようと仕組んでいたというのである。

もうひとつは、西南戦争のときの大久保の行動。

西郷と大久保は近所の生れで、大久保は西郷の家へしょっちゅう飯《めし》を食いに行っていた。そういう関係であったが、年齢《とし》をとり、しかるべき地位に就くと人が変る。

西郷が「征韓論」問題をきっかけに参議を辞し、野に下ってからも、その大人望はなおもつづいた。大久保はそれを淡々として平静な気持で見ていることができたであろうか。猛烈な嫉妬心が沸き起ったに違いない。

しかも西郷は、大久保の進める日本の近代化を阻止しようとしていた。だから政治的に西郷を消す必要も出てきた。

西南戦争の前、いかにも明治政府の回し者めいた連中が薩摩へ入ってきた。そこで捕《と》らえてみると、まあ、しゃべることしゃべること。「自分たちは西郷を暗殺するためにやってきた」と白状したという。だが昔から、スパイは白状しないものであろう。吃《ども》る僧正が世にありえないのと同様、しゃべるスパイもまずいない。ほんとうの刺客であれば黙って舌を嚙み切ってでも死ぬ。ところがこのスパイは、薩摩健児が激怒して武装蜂起したくなるようなことをベラベラとしゃべりまくった。使命を帯びて送り込まれた偽装スパイであったことは明白である。

大久保は西郷を決起に追い込むためにニセのスパイを仕立て上げたのである。

じっさい大久保は、みずからの権力を維持するためには人を殺すことなど何とも思わない男であったと言えよう。そしてそのウラには、日本人に圧倒的な人気のあった西郷やライバル江藤に対する強烈な嫉妬心が渦巻いていた。

## 西郷隆盛の呪い

最近、在野史家の鳥居民《とりいたみ》が『近衛文麿《このえふみまろ》「黙」して死す〜すりかえられた戦争責任』という本を出して、そのなかで——日本が戦争に突入して破局に至ったいちばんの大本《おおもと》は明治憲法にある、と書いています。これは評論家の渡部昇一《わたなべしょういち》先生もかねてから指摘していることですが、明治憲法には「首相の権限」を規定した条項がひとつもありません。首相も大臣の端《はし》くれもみな同列で、それぞれが外務、大蔵、逓信……といった具合に、直接天皇を輔弼《ほひつ》することになっていました。首相には何の権限もなかったのです。したがって、閣内の意見が一致しなければ、その内閣はただちに総辞職しなければなりませんでした。

そのため戦前の内閣では、陸海軍が、大臣を出さない、と言いだすと総辞職しなければならなかった。軍部がゴネれば、その言うことを聞かなければならなかったから、軍部の力がどんどん増していったのです。

ではなぜ、明治憲法はそんなおかしな憲法だったのか。その理由を考えて、私は「西郷隆盛の呪いだ」という結論に達しました。

明治憲法をつくったのは伊藤博文です（実際上は井上毅が中心になってまとめ上げた）が、その伊藤にしろ山県有朋《やまがたありとも》にしろ、明治政府の重鎮にとって西南戦争ほど困った事件はありませんでした。国民に絶大な人気のあった西郷が決起したわけですから、下手をすればせっかくつくり上げた明治政府が瓦解《がかい》してしまう危険性があった。そこで明治政府は「ふたり目の西郷」があらわれることを大いに恐れたのです。

衆望を集める政治家が全権を握り、そして天皇を担《かつ》いで決起すれば、自分たちの地位は危うくなる。政府も転覆してしまうかもしれない。だから西郷のように参議であり陸軍大将でもあるという、一世を圧する英雄が出てくるのをどうしても防ぐ必要があった。そこで明治憲法には首相に大きな権限を与えるのを避けたのではないか。

その証拠が軍人勅諭《ぐんじんちょくゆ》です。これも井上毅が中心になって起草した文章ですが、軍人勅諭を読めばわかるように、たいへんな英雄といえども時に間違うことがあると、ちゃんと書いてあります。

> 古《いにしへ》より、或《あるひ》は小節の信義を立てんとて大綱の順逆を誤り、或は公道の理非に践迷《ふみまよ》ひて私情の信義を守り、あたら英雄豪傑どもが禍《わざはひ》に遭《あ》ひ身を滅し、屍《しかばね》の上の汚名を後世《のちのよ》まで遺《のこ》せること、其例《そのれい》尠《すくな》からぬものを深く警《いまし》めてやはあるべき。（読みやすさを考慮して、濁点と句読点、ルビを附した）

私的な信義を守って公道を踏み外し、そして身を滅ぼした「英雄豪傑」が誰をさしているか。西郷隆盛に決っています。二度とそんな「西郷」があらわれないようにするために、軍人勅諭はあらかじめクギを刺しているのです。

要するに、明治政府は西郷が怖かった。嫉妬という感情が昂《こう》じると、怖さ、に転化するのです。だから、伊藤も山県も、もうひとりの西郷、を出さないために首相に権限を与えないようにしたのです。ところが、それがのちに軍部の力を強めることになり、昭和の戦争のもとになった。

その意味で言えば、西郷への嫉妬、あるいは西郷の呪いは、昭和の時代までつづいたと言えます。

## 桂太郎と岸信介

この後の日本史では、伊藤博文が大隈重信《おおくましげのぶ》一派や福沢諭吉《ふくざわゆきち》一派を政府から追放し天下を握ることになる「明治十四年の政変」や、大正末年に軍縮を断行して陸軍の怨みを買った陸相・宇垣一成《うがきかずしげ》の「組閣流産」（昭和十二年）など、広い意味での嫉妬がらみの出来事がありますが、ここでは日本人の嫉妬心のありようを見るために桂太郎《かつらたろう》を倒閣に追い込んだ「大正政変」を取り上げます。

周知のように桂太郎は日露戦争のときの総理大臣であった。それは位人臣《くらいじんしん》をきわめたということである。そして戦争が終ると、彼は内大臣になった。いわば、政治の第一線から退《しりぞ》いた。ところがそのあとでもう一度、桂太郎は総理大臣に返り咲こうとした。そのとき国を挙げて猛反発が起り、それが大騒動に発展、桂太郎が退陣に追い込まれる「大正政変」となった。

この騒動は明らかに日本国民の嫉妬心の発露《はつろ》だった。すなわち日本国民は、一度この世の頂点をきわめた人間がふたたび檜舞台《ひのきぶたい》に登場することを快く思わないのである。

桂太郎の場合は、日露戦争のとき戦争に勝利しながらポーツマス条約でたいした賠償を取れなかった、という国民の不満も鬱積《うっせき》していた（それが、前述した徳富蘇峰の「国民新聞社焼打」や「日比谷焼打事件」につながった）が、しかし政変の第一の要因になったのはやはり、いったん位人臣をきわめた人物が「再登場」することに対する民衆の嫉妬心であったと言えよう。

それは私なりの解釈であるが、しかし安保改定を行った首相・岸信介の場合を併《あわ》せ考えると、当っているのではないか。

岸は戦前、革新官僚として絶大な力をもっていた。満洲国建国に当ってもたいへんな活躍をしている。

その岸が商工省の次官をしていたときの商工大臣が「今太閤」と呼ばれた小林一三であった。前述したように阪急電鉄の創設者である。ところが、そんな小林商工相を岸商工次官がクビにしてしまうのである。次官が大臣を更迭《こうてつ》した！　日本の憲政史上、唯一の下剋上《げこくじょう》であろう。

ただし、小林一三も黙ってはいなかった。ただちに『中央公論』に「大臣落第記」という連載をはじめたのである。大臣更迭までの経緯《いきさつ》を全部バラすということになったから、有力者が寄ってたかって、それだけは書かないでくれ、と頼み込み、連載は一回で終った、というエピソードがある。

岸にはそれだけの力があった。現に、当時の日本を牛耳っていた革新官僚のトップが岸であった。

その岸は戦後、戦犯容疑で巣鴨プリズンに収容されていたが、昭和二十三年、釈放されると、たった八年間で総理大臣にまで登りつめた。戦前、大臣をクビにするほどの権力を揮《ふる》った男が、戦後も政界に復帰して、総理・総裁の座まで手にした。桂太郎と同じく、いったん引っ込んだ男の再登場である。日本人がそれを許そうはずがなかった。

昭和三十五年、岸首相が日米安保条約を改定しようとすると、国民的反発が起り、デモ隊が国会を取り巻き、自民党は強行採決をするしかなかったのは周知のとおりであるが、日本中を大騒動に巻き込んだ安保騒動の本質はじつは「反岸騒動」だったのではあるまいか。

先ごろ、『ローマ人の物語』で知られる塩野七生《しおのななみ》さんが当時を回想したエッセイを読みましたが、彼女は安保騒動のとき、「国会乱入組」のひとりでした。しかし、日米安保条約の条項がどんなものであるのか、まったく知らなかったというのです（ちなみに、安保条約の改定条項はそれまでの安保条約にあった不平等を正す内容であった）。

おそらく、他の日本人も塩野七生さんと似たり寄ったりだったと思います。自分がなぜ安保条約の改定に反対しているのか、きちんと認識している人は少なかったのではないでしょうか。そうだとすれば、あの安保騒動を衝き動かした原動力は「安保改定反対」の信念ではなく、「岸憎し」だった。戦前・戦後にわたって権力の座に居つづける岸信介に対する国民的嫉妬心があの大騒動を巻き起したと見たほうがいいようです。

## 独裁者を嫌う日本人の心性

日本政治史を振り返ると、絶大な力を一身に集中させたかに見える権力者はほとんど例外なく非命に斃《たお》れている。

これも司馬さんの鋭い指摘です。

> 権力が一人に集中することをこうまで避けつづけてきた社会というのは、他の国にはないのではないでしょうか。（「日本的権力について」『余話として』所収、以下の引用も同様）
>
> 独裁者をゆるさないというのが、どうやら日本的権力の原理のようなのです。
>
> かれ（織田信長・谷沢注）の独裁政権の基礎がどうやら確実になろうとする、いわばその妙機においてかれはその批判者のために斃《たお》されてしまっています。批判者は自分の権力をつくるためというよりも、その行動と状況からみれば、倒さんがために倒したというきわめて発作性のつよい行動をとっているのも、日本的原理からいえば、発作的であるがために原理的行動としては純度が高いように思われます。

少なくとも、戦国時代以降はそうした成り行きが顕著です。ちょっと数え上げてみても、織田信長、井伊直弼《いいなおすけ》、大久保利通、星亨《ほしとおる》、原敬《はらたかし》……。

大久保利通が紀尾井坂《きおいざか》で暗殺されたのは明治十一年五月十四日。斬り殺したのは石川県の士族・島田一郎《しまだいちろう》以下六名であった。その知らせを聞いたとき、前述した小河一敏（明治天皇に「田中河内介殿を殺しましたるはこの大久保一蔵でございます」といった豊後岡藩士）は「アア、天トイウモノハアルモノカ」といって長嘆息したという。

自由党の領袖《りょうしゅう》・星亨。その名に語呂を合わせ、俗に、押し通る、と言われるほど強引だった彼は、剣客・伊庭想太郎《いばそうたろう》に刺殺されている。

原敬は、東京駅の駅長室を出て京都行きの列車に乗ろうと、プラットホームへ向ったところを中岡艮一《なかおかこんいち》に刺殺された。この暗殺はよほど訓練に訓練を重ねた末の仕業《しわざ》としか考えられなかった。普通に刀で突き刺したのでは、刃が肋骨《ろっこつ》に当ってしまい、あまり効果がない。そこで中岡は刃を水平にして、肋骨と肋骨のあいだをスッと通るようにして刺した。原敬はほとんど即死だったという。

中岡の凶行は昨日や今日思いついたものではないと見るべきであろう。中岡は中央線の転《てん》轍手《てつしゅ》だったというが、これも怪しい。しかも、原敬暗殺の裁判記録ははっきりしていないのである。そこから、どうも黒幕がいたのでは……という説が消えない。おそらくは右翼であろう。

というのも、昭和《しょうわ》天皇がまだ皇太子だったときヨーロッパを外遊しているが、それを佳《よ》しとしたのが宰相・原敬だったからである。右翼は、一天万乗《いってんばんじょう》の君が毛唐《けとう》の国へ行くとは何事か、皇太子は日本列島をお出《で》になるべきではない、と言って原敬を憎んでいた。そこで中岡艮一を仕込んで、見事な暗殺者に仕立て上げたのではないか。

このようにわが国では、一身に全責任を負って事に当るタイプの人物は好まれない。あいつは何ものにも拘束されずに自由気儘《じゆうきまま》に事を行っていると見るや、日本人の心の底に嫉妬心が萌《きざ》すのであろう。それゆえ、権力を一身に集中させた政治家たちの「終り」はあまり芳《かんば》しくない。

本能寺で明智光秀《あけちみつひで》に討たれた織田信長を筆頭に原敬にいたるまで、わが日本人は改革が必要なときは喜んで彼らを迎え入れるが、暴れるだけ暴れさせて新しい秩序が生れるや、用済みとばかりポイ捨てしてしまうのである。権力を握ったリーダーを腹の底から評価せず、むしろそれに嫉妬の炎を燃やすのが日本人の特性なのであろう。

先の戦争中、東条英機《とうじようひでき》が首相、内務大臣、陸軍大臣、軍需大臣などを兼摂《けんせつ》し、日本の内閣史上異例の全権を握ったとき、議会では、ヒトラーやムッソリーニのような独裁ではないか、という質問が出された。そのとき、東条はどう答えたか。それは違う、彼らはそれぞれ自分の力で独裁者になったわけだが、私は陛下の光を受けて光っておる、したがって独裁ではない、と言ったのだった。陛下の光、と言わないと、世の嫉妬の矢を一身に浴びることになることを知っていたからであろう。

### 天保銭と無銭組

陸軍大学は明治十六年に創設された。正式には「陸軍大学校」と言い、略称「陸軍大学」「陸大」と言われた。

陸大は普通の大学ではなく、陸軍士官学校を卒業したエリートたちのなかから、さらに選ばれた者だけが受験することができた。陸軍士官学校が東京帝大よりも難関だった時代、陸大卒はまさにスーパー・エリートであった。

陸軍士官学校を卒業すると一度どこかの連隊に任官する。そこで二、三年過ごすあいだに、師団長や連隊長の推薦を受けた超エリートだけが陸大の入学試験を受けることができた。そして、その狭き門に合格した軍人だけが陸大に入学することができたのである。

少々皮肉っていえば、陸軍士官学校卒業後どこかの連隊に任官したら、上官に上手にオベンチャラを言わなければならなかった。さもないと陸大の受験をさせてもらえなかったからである。師団長や連隊長から、憎たらしいヤツだ、と思われたら、いくら優秀でも陸大受験の道は閉ざされてしまった。

師団長や連隊長から憎たらしいヤツ、と思われながらも陸大受験を推薦されたのはおそらく、戦前の陸軍にあって「天才」と謳《うた》われた石原莞爾《いしわらかんじ》ぐらいのものであろう。

ついでに記しておけば、石原莞爾は上官・東条英機にハナも引っかけなかったために東条から憎まれ嫉妬された。満洲の関東軍に所属していた当時、東条を訪ねてきた大川周明《おおかわしゅうめい》に「東条参謀長はどこに」と訊《き》かれた石原が、「ああ、東条上等兵なら……」と答えたのは有名な話である。そうした傍若無人《ぼうじゃくぶじん》が祟って、石原はのちに東条によって左遷され、そして予備役《よびえき》に編入させられた。

それはさておき、陸大へ進み、そこを卒業した超エリートたちは徽章《きしょう》をつけていた。それは俗に「天保銭《てんぽうせん》」と呼ばれた。徽章が天保銭に似ていたからだが、そこで陸大を卒業したスーパー・エリートたちは「天保銭組」と称された。

一方、陸軍士官学校は出たけれど陸大へ推薦してもらえなかった者を「無銭組（無天組）」といった。二・二六事件で指揮を取ったのはみな無銭組である。

浮世であれば、假《かり》に東大を受験して落ちても、東大がダメなら早稲田があるさ、といって、早稲田大学や慶応大学へ進む道がある。ところが陸軍の場合、陸大を受験させてもらえなかったら、その先は無かった。出世は知れていた。当時、「やっとこ大尉」という言葉があったが、「将」と名のつく地位には永遠に上れなかった。陸軍での出世を考えていた軍人にしてみれば、これは絶望的であった。

二・二六事件に際し、決起将校たちは、東北農民の困窮を座視することはできない、と叫んでいたが、彼らの気持のいちばんの底には中佐、大佐、そして少将へと出世していく天保銭組への黒い嫉妬心が渦巻いていたに相違ない。軍隊内ではこの先大きな出世は見込めないという思いはいかなるものであったか。

私は、こうした陸大制度をつくったことが日本陸軍の跳梁跋扈《ちょうりょうばっこ》を許した根本問題だと見ている。じっさい、日本を戦争に引きずり込んだのは陸軍であり、その陸軍を引っ張っていったのは全員、陸大出身者の参謀たちであった。

そして、五・一五事件や二・二六事件を引き起したのは陸大へ進めなかった無銭組である。

この「陸大」という制度が日本を誤らせた、と言っても過言ではあるまい。

# 第6章
# 嫉妬と宗教

## 宗教の起源

労せずして楽をしたい。武力を用いないで人の上に立ちたい……。こうした念願を果すために発明されたのが宗教です。そのかぎりで言えば、宗教とはすべて嘘八百、デタラメ、誤魔化《ごまか》し、ハッタリの類です。全部、嘘です。

碩学《せきがく》・林達夫《はやしたつお》の「邪教問答」（『共産主義的人間』中公文庫）によれば、フランスの啓蒙思想家ヴォルテールは、占卜《せんぼく》の術としての宗教を考えだした奴は何奴《どいつ》か、馬鹿者に出会《でくわ》した最初の詐欺師《ペテン》さ、と言って嘲《わら》ったといいます。

パンをもっている馬鹿者に出会った悪智恵のはたらく男は、そのパンは神さまにお供《そな》えしましょうね。そうすればきっといいことがありますから、と言った。そして、馬鹿者が立ち去ると供えられたパンを取って喰った、という意味でしょう。

ここに宗教の端緒があります。淵源《えんげん》がある。

人間は誰しも「病衰老死」を恐れている。人はいつどんな病気になるかわからない。そして必ず、衰える。また、老いる。最後にはこの世からいなくなる。それが「死」だ。その意味で、病衰老死は人間の宿命である。

そこに詐欺師《ペテン》が登場し、こうささやく。でも、神さまにお願いすれば病気は治るかもしれません。いっしょにご家族の健康もお願いしておきましょう、と。

したがって、世界中どこへ行っても宗教のシンボルがある。礼拝場、神殿、教会、大聖堂がある。それが無い文化はない。ヨーロッパを歩けばわかるように、至るところに教会がある。どんな小さな村にも教会の尖塔が立っている。もちろん、大きな町にはカテドラルがある。名高いものでは、ケルンの大聖堂（ドイツ）、パリのノートルダム寺院（フランス）、セヴィリアの大聖堂（スペイン）……。いずれも威容を誇っている。

日本でも、どんな村へ行っても神社佛閣《じんじゃぶっかく》がある。それから天理教《てんりきょう》以下、新興宗教の祈禱《きとう》所《しょ》もある。宗教のシンボルはアフリカにだってある。

それほど人間は精神の拠りどころを求めている。また、自分のなかにある黒い感情、不安感、嫉妬心、劣等感……それをなんとか薄めてくれるものを欲しがっている。だからこそ、世の中に宗教が生れ、広がり、発展するのである。言い換えれば、宗教とは人間の恐れを薄めるための装置なのである。宗教は、恐れをいだいた人間の気持を鎮《しず》め、精神を平静にし、なんとか生きていけるように仕向けてくれるトランキライザーだ。人間に必要欠くべからざるものなのである。

しかしながら、宗教が生れる発端が「馬鹿者に出会《でくわ》した最初の詐欺師《ペテン》」にあることもまた事実であろう。そこを忘れるべきではない。人間が死んだあと、魂がどこか（天国や極楽浄土《ごくらくじょうど》）へ行くというが、いったいそんなアホなことがあるものだろうか。

### 宗教の功罪

繰り返せば、人間は死んだら極楽へ行く（天国へ行ける）――そうした言葉のはたらきをフルに利用したのが宗教である。それゆえ、宗教というものはとことん追い詰めていくと中身はないものと心得るべきだ。そもそも人間の死後の世界について言っているわけであるから、確証などあろうはずもないのである。

その意味で、世界中のあらゆる聖典は、その内容すべてをはっきりさせることはできない。キリスト教の『聖書』でも、きっちり正確に説明できる宗教学者はいない。

周知のように、キリスト教の基礎は人間を罪深き者と決めつける原罪説に置かれ、懺悔《ざんげ》すれば神によって救われるという。ならば借問《しゃくもん》する――その神とやらはいずこに在《いま》すか。すると、キリスト教神学者は答えるであろう。いや、神とは表現しがたい存在であるから霊妙不可思議で、ウンヌンカンヌン、と。いくら聞いても要領をえないであろうことは目に見えている。

それでも『聖書』の場合は、十六世紀の宗教改革を経て、中身を研究してもいいということになった。そこでヨーロッパのキリスト教圏では、神とは何か、三位一体《さんみいったい》とはどういう意味であるか、奇蹟は存在するか、という研究がはじまった。それにつれてヨーロッパの思想・学問も発達することになったのである。

しかしイスラム教にあっては、聖典『コーラン』の研究は許されていない。だから、『聖書』についての学問・研究は腐るほどあるけれども、『コーラン』についての研究は無い。『コーラン』を研究することはアッラーの神聖を穢《けが》すことになるからだ。

そもそも、『コーラン』の翻訳自体許されていない。

イスラム哲学の研究者・井筒俊彦《いづつとしひこ》氏もこう書いている。

ごく最近まで、アラビア以外の回教《かいきょう》諸国では『コーラン』の翻訳ということは禁止されていた。意味が分っても分らなくとも、信者はアラビア語の原文のままで『コーラン』を読まなくてはならなかった。（岩波文庫『コーラン』解説）

翻訳を許さないくらいだから、『コーラン』の一字一句の研究・批判（クリティーク）も許されない。信徒はただアッラーのみを信じて、「信仰告白」「礼拝」「喜捨《きしや》」「断食」「巡礼」の五行《ごぎよう》を遵守《じゆんしゆ》することを求められる。そうすれば死後、天国へ行ける、という。
ちなみに『コーラン』に描かれる天国はきわめてリアルである。あまり知る人もいないだろうから、その一端を紹介しておきます。

これこそ（玉座の）おそば近くに召《め》され、えも言われぬ幸福の楽園に入る人々。（中略）金糸まばゆい臥牀《ねだい》の上に、向い合わせでゆったりと手足伸ばせば、永遠の若さを享《う》けた（お小姓たち）がお酌《しやく》に廻る、手に手に高杯《たかつき》、水差し、汲《く》みたての盃《さかずき》ささげて。この（酒は）いくら飲んでも頭がいたんだり、酔って性根《しようね》を失《な》くしたりせぬ。そのうえ果物は好みにまかせ。鳥の肉など望み放題。目《まなこ》すずしい処女妻は、そっと隠れた真珠さながら。（「五六章　恐ろしい出来事」）

いくら呑《の》んでも二日酔いにならない酒、果物や肉は食べ放題、そしてかたわらに侍《はべ》るのは美人の処女妻……。これがイスラム教の天国です。
宗教とは結局、信じることなのです。

人間には正確に物事を知りたいという情念があります。しかし同時に、うまいこと言いくるめて騙《だま》して欲しいという希望もある。もっと極端に言えば、どうせ騙すなら、上手に騙して欲しいと思う。それが人間です。だから宗教が繁盛するのです。

嫉妬心について言えば、新興宗教などは猫撫《ねこな》で声《ごえ》で、あなた、嫉妬心があってもいいのよ。それが人間だから、別に気にしなくていいのよ、と教えてくれます。一見、嫉妬は万有引力のようなものである、と見抜いた松下幸之助に似ていますが、新興宗教はそういってから、カネを吸い上げる。ここが両者の相違点です。

## 鎌倉新佛教はイリュージョンだ

ここで、日本の佛教について触れておきます。

法然《ほうねん》の浄土宗《じようどしゆう》、親鸞《しんらん》の浄土真宗《じようどしんしゆう》、道元《どうげん》の曹洞宗《そうとうしゆう》、日蓮《にちれん》の日蓮宗、一遍《いつぺん》の時宗《じしゆう》など、鎌倉新佛教と言われているものはどうして生れたか——。

じつはここにも嫉妬心が作用していました。

当時の宗教の主流は、あくまでも天台宗。空海のライバル・最澄の開いた比叡山延暦寺の天台宗です。比叡山こそ、宮廷や天皇と手を結んで天下を支配していました。

新佛教の開祖はみな、もとはといえばこの比叡山にいた人たちです。比叡山はいまで言えば「一大文化センター」ないし「国立国会図書館」でしたから、日本で見ることができるかぎりの経典がすべて揃っていました。だから、法然も親鸞も道元も日蓮も、そこにあるさまざまな経典を読んで自分が拠るべきテキストを見つけたのです。

ただし、この比叡山はきわめて階層秩序の厳しい世界でした。天台座主《ざす》には藤原氏の一族の主流でなければなれなかった。『愚管抄《ぐかんしょう》』を書いた慈円《じえん》などは四回も座主になっていますけれど、それは彼が藤原一族の出だったからです。

それに対して鎌倉新佛教の開祖たちはそうした家柄ではなかった。のちの帝国陸軍でいえば、「無銭組」のようなものでしたから、自分たちの前途に見切りをつけ、時めいている藤原一族の坊主たちに対する嫉妬心と反感をいだいて比叡山を下りた。

そこで彼らは直接民衆にはたらきかけて自分たちの宗教を広めようとしたわけですが、その大本にあったのは比叡山に対する嫉妬心でした。

ちなみに戦後は、法然、親鸞、道元、日蓮といった鎌倉新佛教の担い手たちが佛教を進化発展させたように言われています。現に岩波の『日本思想体系』を見ると、彼らにそれぞれ一巻が与えられ、鎌倉新佛教の開祖たちがいかにも日本思想史において一大山脈をなしているかのように見えます。でも、それは左翼がつくりあげたフィクションです。法然は土佐に流され、親鸞は越後に、日蓮は伊豆と佐渡へ流されていますから、みな、国家の罪人でした。そんな人間が広大な布教活動をできるはずがありません。したがって彼らは、当時は片々《へんぺん》たる存在、周縁的な存在だったと知るべきです。岩波版『日本思想体系』が彼らを持ち上げるのは、鎌倉新佛教の担い手たちの「反権力」という側面を過剰に評価した結果にすぎません。もっとも、一遍のように民衆に訴えて共感をえたケースもあります。すると、今度は比叡山が一遍に嫉妬した。

また、法然の弟子たち（住蓮《じゅうれん》と安楽《あんらく》）が後鳥羽《ごとば》上皇の女官たちとセックスの関係をもったと睨《にら》まれたことがあります。『枕草子』で清少納言《せいしょうなごん》が――、

説教の講師は、顔よき。講師の顔を、つとまもらへたるこそ、その説くことの尊《とう》とさもおぼゆれ。

と書いているように、美男で声のいい僧侶などは宮廷の女たちとそんな関係になったかもしれません。

そんなこともあったでしょうが、全体として言えば、鎌倉新佛教の開祖たちは藤原一族の坊主たちに嫉妬して比叡山を下りた周縁的存在であったと考えるべきです。

ではなぜ、浄土宗や浄土真宗、曹洞宗といった宗派が力をもつようになったのかと言えば、法然、親鸞、道元、日蓮といった開祖たちが亡くなったとたん、後継者たちが宗祖の教えを俗化したからです。開祖の教えを世間と妥協するような教義に変えてしまった。言い換えれば、俗化した。だから世に受け入れられるようになったのです。

その意味で言えば、岩波版『日本思想体系』で親鸞や日蓮の書いたものをいくら読んでも、あの時代の宗教的感性と一致することはありません。異端の思想家・道元などは永平寺へ籠もって下りてこないわけですから、『正法眼蔵《しょうぼうげんぞう》』が当時の民衆に一定の影響を与えたなどということはありません。

異端の思想では教団を維持できないから、弟子たちが教義を全部俗化したのです。宗祖はあるいは純粋であったかもしれないけれど、二代目からは俗化・堕落した。その点で、師・親鸞の教えを変容させ浄土真宗を世に広めた蓮如《れんにょ》こそ日本の宗教家の代表というべきかもしれません。

## 宗教は嫉妬心を水割りにする

浄土真宗の本山が東西の本願寺です。

西から京都へ電車が入っていくと、右側に東寺《とうじ》の五重塔が見え、左手に西本願寺の大きな屋根があらわれます。これが京都のシンボルです。西本願寺の大きさは日本が世界に誇るもののひとつでしょう。

その本願寺をつぶしてしまおうと考えたのが織田信長でした。信長の本心は――中世以来、連綿と伝わっている人間の気持を惑《まど》わすもの・騙すもの、つまりは宗教を全部つぶしてしまおうというところにありました。そこで大坂の石山本願寺を十年もかけて攻めたわけでした。

それをじっと見ていたのが豊臣秀吉です。彼は、こんなことをしていたら何年かかっても本願寺をつぶすことはできないと考えた。だから秀吉は、つぶすのではなく本願寺を抱きかかえてしまうことにした。そのほうが得策だと考えたのです。そこで秀吉は大きな寺を寄進した。それがいまの西本願寺です。

秀吉の上をいったのが徳川家康です。本願寺を東本願寺と西本願寺のふたつに割ってしまったのです。

そもそも坊さんほど嫉妬心の激しい人種はありません。まさか、と思われるかもしれませんが、鎌倉・室町時代の僧侶は広大な土地をもって武装していたことを思い出せば、合点《がてん》がいくはずです。放っておけば僧侶たちのエネルギーは外へ向く。幕府へ向ってくる危険性だって無しとは言えない。そこで、そうならないようにしたのが家康による本願寺の分割でした。

果して、西本願寺と東本願寺は徳川二百六十年間、喧嘩ばかりしていました。幕末になると、東本願寺が幕府方、西本願寺が薩長方につきました。この東と西のいがみ合いはいまだにつづいています。家康のこの智恵こそ人間の嫉妬心を洞察しきった極致《きょくち》でしょう。家康は分割統治するのがいちばん有効であるという大原則を熟知していたのです。

ところが本願寺が権威をもちすぎるようになると、庶民にとってはどうしても敷居が高くなる。本願寺に頼ろうとしても気後《きおく》れがする。そんな人たちを相手に稼業《しょうばい》をしようとしたのが新興宗教です。新興宗教は本願寺などの既成宗教が拾い残した人々へ網《あみ》をかけ、言葉は悪いけれど、「小魚」を掬《すく》い上《あ》げようとしたわけです。

日本の場合、新興宗教はほとんどすべて神道《しんとう》から出ています。佛教から出た新興宗教はあまりありません。天理教も大本教《おおもときょう》もみな神道系。目ぼしい信者はみな佛教系が拾ってしまったから、神道系の新興宗教はあとに残された小魚を掬おうとした。神道の教えは何がホンモノかわからないから、小魚を惑わすにも都合がいい。神道の、きわめて曖昧模糊《あいまいもこ》としているところが、逆にありがたそうにも見えるのです。

宗教というものは本来、「病哀老死」に対する恐れや嫉妬心を薄めるために生れました。人の恐れを水割りにするのが宗教です。ウイスキーでも焼酎でも、水割りにするのは酒精《しゅせい》〔エチルアルコール〕があまり強すぎないよう、マイルドにしている。人間の感情もそれと同じで、放っておくと凝り固まってしまう。だから、どこかでほぐしてやる必要がある。それが宗教の役割でもあるのです。

このように、宗教とは水割りの「水」だとすれば、本願寺であろうが新興宗教であろうが、本質的な違いはありません。信仰をもつということは、憎しみや怨みや嫉妬心といったマイナスの感情を適当に水割りにして薄めることなのですから、まあ俚諺にあるように、信心の対象は「イワシの頭」でもいいのかもしれません。

## 日本繁栄の功労者は宮本顕治と池田大作

共産主義も一種の新興宗教と言えます。

戦後日本に社会的な大動乱が起らず、これだけ栄えてきたのはなぜか。

私の見るところ、ひとつは日本共産党が真に革命を思案しなかったからであり、創価学会《そうかがっかい》があれだけの大所帯になりながら妙な考えを起さなかったからです。したがって、戦後日本の繁栄を支えた最大の功労者は宮本顕治《みやもとけんじ》と池田大作《いけだだいさく》だという見方もできます。日共と学会のトップふたりは、日本の社会構造全体を引っくり返すような大革命を起そうとはこれっぽっちも考えなかった。それが今日の日本の繁栄につながっているのです。

いうまでもなく共産主義とは、一国の社会構造全体をぶっつぶして新しい社会をつくろうという思想です。それがマルクスの考えでもあった。

ところが宮本顕治がめざしていたのは日本共産党という小さな一政党のボスになることだけでした。そのことは増山太助《ますやまたすけ》という共産党系の文化運動の中心になった男の回想からも明らかです。増山によれば――宮本顕治夫人であった作家の宮本百合子《ゆりこ》は周りに集っている連中にこういったという。ねえ、顕治を男にしてやってね、と。これではまるでヤクザの世界の物言《ものい》いです。

宮本顕治もまた日本共産党のトップになるのが望みでした。トップにさえなればいい。日本の社会を引っくり返そうなどという大それた考えはまったくありませんでした。

現に、宮本顕治のやったことは、まず日本共産党のトップになることでした。次にやったのは、自分より有名な左翼文化人をみな党から追放すること。それが中野重治以下、共産党にいた著名人たちの除名です。

その意味で言えば、宮本顕治はまさに嫉妬心の塊です。

自分より有名な人間が共産党の委員にいることが耐えられなかった。中野重治は戦後、共産党の参議院議員として国会に出て、いわば共産党の文化面を代表する存在になりました。宮本は中野重治が気に喰わなかったから除名したのです。以下、最後は評論家の小田切秀雄まで、われわれが「左翼人」として知っているインテリはみな、除名され追放されていきます。かくして、先ごろ亡くなった宮本顕治は、長いあいだ日本共産党のトップとして君臨しつづけたのです。

嫉妬心を水割りにするための新興宗教であるコミュニズム――そのトップがじつは嫉妬心の塊であったとは！　宮本顕治はまことに皮肉な逆説を生きた人でありました。

創価学会名誉会長・池田大作も同様です。

彼より有名な創価学会員はこの世にひとりもいません。居《い》てはいけないのです。学会員であろうが公明党の党員であろうが、池田大作より社会的に有名な人間は絶対に存在してはいけない。その証拠に、いま公明党の代表は太田某《おおた》といいますが、現代日本人の誰もが、太田某は池田大作の子分だと考えています。

かくして池田大作も悠然としてトップの座に坐っていられるのです。言い換えれば、トップに立っていることに満足し切っているのが池田大作という人物なのです。

嫉妬心の塊のような人間は、自分以外の有名人は絶対に認められないと考えますが、しかし、自分が身命《しんめい》を賭《と》して社会を改革しようとまでは考えない。社会改造よりトップの座を守り通すことのほうが重要だと考えるからです。

ここから、嫉妬心の非常に強い人間は世の中を乱さないという法則を引き出すのは、これはちょっと無理……かな。

怖いのは、自分はいつ死んでもいいと身を捨ててかかってくる人間です。そういう人は何をしでかすかわからないから、これは怖い。しかしいつでも「オレが一番でないと……」と思っている人間は絶対に反乱など起さないから、その点では人畜無害《じんちくむがい》と言えましょう。これを要するに、多少反体制的で、本来であれば社会を修正しようと考える組織の長が嫉妬心の塊であることによって、日本社会は救われてきたと言えます。国民栄誉賞という賞がありますが、もし「国民平和賞」とでも呼ぶべき賞が新設されたら、まずいちばんに宮本顕治と池田大作に与えるべきだというのが私の感想です。

嫉妬心に凝り固まった人物が組織の長になってくれるのはたいへん結構なことなのです。宮本顕治にしても池田大作にしても、彼らが嫉妬心の権化《ごんげ》であったからこそ日本社会は平穏無事にやってこられたわけですから、嫉妬心も時と場合によっては、それなりの役割を果すことがある、と言うべきでしょう。

## 魔法の千年王国論

宗教、神学、哲学、思想は人間の反抗心や不平を宥《なだ》める役割も果します。

いちばん上手な論法をつくったのは中世の神学者トマス・アクィナスです。有名な『神学大全』のなかで彼がいうには——この世界は「絶対神」がおつくりになった。神はこの世界を、完全な・見事な・光り輝く・平和な国にしようと思し召《おぼめ》し、そのためにお作りになった。しかしながら、完全な・見事な・光り輝く・平和な国をつくるにはプロセスが必要だ。いかに絶対神といっても時間がかかる。したがって個々の人間は、自分が完全な社会に生きているのではなく、そこへ至る途中の段階に生きているのだと考えるべきである。そのプロセスにあっては、キングも必要だし貴族も必要だし階級社会も必要である。しかしながら最終的には「千年王国」に至るであろう。

このトマス・アクィナスの口調をそっくり真似して、「絶対神」を「絶対精神」と言い換えたのがヘーゲルであり、さらにそれを「階級闘争」と置き換えたのがマルクスです。トマス・アクィナス、ヘーゲル、マルクス、この三人は揃っていまは途中の段階だ。だから我慢しろ。精進《しょうじん》しよう、と言います。或いは党派作りを促します。

これこそがあらゆる哲学、すべての神学理論の根本理念です。

いずれは「千年王国」に至るであろう。しかし、いまはその途上である。したがって「千年王国」の実現をめざして頑張れ、励《はげ》め、身を捧《ささ》げて努力しろ……。

そうした「千年王国」をめざす思想は、必ずや独裁制を生むであろうと喝破《かっぱ》したのがロシアのアナーキスト、バクーニンです。彼の『神と国家』を読むと――プロレタリアートによる完全平等政権を説くマルクスに従っていけば、多数者を代表すると自称するごく少数者による独裁に帰着するであろう、と書いてあります。

マルクスの腹の底を完全に見抜いていました。なるほど、マルクスがバクーニンを怖がったのも無理もないと思えます。バクーニンはロシアの貴族でしたが、無茶苦茶をやる性格破綻者でした。だからマルクスも怖がったという面もありますが、やはり自分の胆《はら》を見透かされたと感じたことがいちばんの恐怖だったと思います。

じっさい、バクーニンは友人に宛《あ》ててこんな手紙も書いています。


マルクスは、当地で又《また》しても例の悪戯を企てようとしている。虚栄心、悪意、口論、理論上の強情と実践上の臆病、人生、行動、単純性に関する際限もない思弁、そして実際上では、生活、行動、或は単純性の完全な欠如……ブルジョアという言葉が、彼らがいやになるほど繰り返す罵《ののし》りの語となった――彼ら自身が頭の天辺《てっぺん》から足の爪先まで生来のブルジョアであるのに。（E・H・カー『カール・マルクス』より）

こうまで透視されたからマルクスは、せっかくつくった「第一インターナショナル」を解散してまで、バクーニンを追い払おうとしたのです。

もっとも、そうまでしてバクーニンを追放しても、いずれ「千年王国」（共産社会）が出現するという思想だけであれば、マルクス主義がこれほど世界に広がることはなかっただろうと思われます。

第一に、マルクスの書いたものを読むかぎり、インテリゲンチャは救われません。マルクスの夢想した革命はプロレタリアート（労働者）の一斉蜂起によって遂行されるわけであって、そのプログラムのなかにインテリは組み込まれていないからです。「インテリ」という、支配階級ではないけれども労働者でもない、知的職業に就いているこの中間階級を救う道はマルクス、エンゲルスのどの著作を探しても見当りません。

第二に、マルクスはプロレタリアートが革命を起し、新しい世界を完成させると言いましたが、じつはその労働者をいちばん嫌っていたのがマルクスだったからです。

これでは、労働者の心もインテリのハートもつかむことはできません。マルクス、エンゲルスの教義のままであれば、マルクス主義はいずれジリ貧の運命にありました。

さて、そこに登場したのがレーニンという天才です。

レーニンはリアリストでしたから、装飾されたプロレタリア伝説などに遠慮はしませんでした。『なにをなすべきか』に縮約されるレーニン主義の根本は、革命には「前衛」（アヴァンギャルド）が必要だ、という一点にあります。

革命という変動は、労働者の自発的な能力によって達成されるものではない、とレーニンは言った。では、どうすればいいのか。労働者を組織し指導する「前衛」が必要なのだ。これがなければ革命は成功しない。レーニンはそうご託宣を下したのです。

前衛である。指導者である。アヴァンギャルドだ。革命の前衛はインテリでなければならない、と言った。

レーニンの発明した前衛理論が、世のインテリのあいだに決定的な力を発揮しました。というのも、この理論によれば、全世界のインテリはみな、来《きた》るべき共産主義革命の指導者かつ支配者としての地位を約束されたことになるからです。レーニンのこのひと言が全世界のインテリたちを感動させた。感激させた。急げや急げ、革命に馳《は》せ参じよう。

こうして世界中のインテリがレーニンの手を経たマルクス主義にかぶれたのです。

マルクスの理論だけであれば、マルクス主義がこんな広がりを見せることは絶対にありえませんでした。アメリカを除く世界中のインテリたちがマルクス主義にシビれ、戦後日本の進歩的文化人たちが「下部構造」だの「労働価値説」などというお題目を唱えるようになったのは、まさにレーニンのおかげでありました。

第7章

# 嫉妬の形態学

## 歴史を動かした嫉妬

嫉妬が歴史を動かしたケースはいくらでもあります。野心と嫉妬はオモテとウラの関係にありますから、嫉妬は十分、歴史を動かす原動力になりうるのです。

ラ・ロシュフコーがいっている「自己愛」（アムール・プロプル）、それから人間に附きものの名声欲、支配欲も嫉妬と深い関係があります。逆に言えば嫉妬は、自分を突き動かす情念（自己愛、名声欲、支配欲などなど）を制御できないレベルにまで引っ張り上げることがある。だから国を滅ぼす元にもなるのです。

アフリカの未開社会に極端な政治闘争はありません。ボスが完全に君臨しているから嫉妬心が生れる余地がないからです。ところが文明が進化して文化が高まると、嫉妬心も練《ね》れてきて複雑になります。だから自己愛、名声欲、支配欲が昂じ、権力闘争がはじまり、果ては歴史を動かす暗闘や暗殺が起ることになるわけです。

いちばん有名なのはなんといってもローマ帝国の終身ディクテイター（大統領）にして、さらにインピラトール（皇帝）を望んだジュリアス・シーザーに対する元老院やブルータス、カシウスらの嫉妬でしょう。

並ぶものなき地位に就いたシーザーは、彼らの手によって紀元前四四年三月十五日、暗殺されます。ところが皮肉なことに、このシーザー暗殺によって、ローマ帝国は共和政から帝政へ大きく舵《かじ》を切ることになりました。すなわち、シーザーの養子であるオクタヴィアヌスが初代インペラトール（皇帝）に就任し、「アウグストゥス」という尊号を受けて、その後ローマは繁栄を謳歌することになったのです。

日本人がよく知っているのは、劉少奇《りゅうしょうき》に対する毛沢東《もうたくとう》の嫉妬です。

毛沢東の「国家主席」辞任が承認されたのは一九五九年、中国第二期全国人民代表大会第一回会議の席でした。毛沢東はそれ以前から主席辞任をほのめかしていましたが、それは、いずれにしろ慰留されるであろうと読んだうえでのポーズにすぎませんでした。

ところが案に相違して、劉少奇は毛沢東の「主席辞任」という申し出をスンナリ受け入れてしまったのです。毛沢東にすれば「想定外」の成り行きでした。

だから、自分の後釜《あとがま》として国家主席に就任した劉少奇を許せなかった。劉少奇と並んで力をつけてきた鄧小平《とうしょうへい》も憎らしい。毛沢東は、ふたりが新しく握った権力に嫉妬したのです。彼らを徹底的に憎悪した。

そこで「中国皇帝」を自認していた毛沢東は大反撃に出たのです。それが人民を総動員し、さらに紅衛兵《こうえいへい》を使って大暴れさせた文化大革命です。これによって毛沢東は、たしかに劉少奇および鄧小平を追い落としましたが、しかしそのせいでチャイナは大混乱に陥ってしまった。死者は数千万人を数え、経済は大停滞、国はメチャメチャになってしまいました。

文化大革命などという愚挙を目撃すると、権力を握った人間の嫉妬心が国家を揺るがす大事件に発展する可能性があることを知って、背筋が寒くなってきます。

## 国家を揺るがす嫉妬心

チャイナを襲った文化大革命でいちばんのワルは誰かと言ったら、もちろん毛沢東ですが、周恩来《しゅうおんらい》の罪も見逃せません。万死に当るといっても過言ではありません。

周恩来が毛沢東のあの無謀きわまりない紅衛兵闘争を止めたり、あるいはそれに逆らったりしていれば、歴史はまるで変っていたはずです。ところが周恩来という男はいつも「寄らば大樹の陰」。絶対に権力者には刃向おうとしないのです。

そしてもう一点、彼は絶対にナンバー・ツーになろうともしない。つねに三番手に位置していました。

この二点が周恩来の処世術でした。

それに対して、二番手になり、さらにトップに上がろうとしたのが劉少奇であり林彪《りんぴょう》でした。だから、毛沢東はまず劉少奇を追い落とし、それから林彪を殺した。周恩来はそうした政治力学を熟知していましたから、絶対にセカンドの位置に就こうとはしませんでした。しかし、周恩来のそうした大勢順応型の政治姿勢によってチャイナという国はガタガタになってしまったのです。

いま周恩来は、いかにもチャイナ建国の立役者であったかのごとく言われておりますが、こう見てくると、それはちょっとおかしい。「功罪」でいうなら「罪《ざい》」のほうが大きかったように思います。

同じことは石田三成にも言えます。

秀吉の朝鮮征伐は戦争としては大成功でした。その先頭に立ち、朝鮮半島に出てきた明《みん》の大軍を蹴散らしたのは薩摩の島津義弘《よしひろ》の軍隊です。鉄砲をもっていましたから明の軍に壊滅的な打撃を与えました。

西洋の鉄砲が明に入った時期と日本の種子島《たねがしま》に入ってきた時期はほぼいっしょでしたが、チャイナでは鉄砲が根づかなかったのに対し、日本はたちまちそれをわが物としてしまった。織田信長などは一斉射撃の方法まで編み出しています。その鉄砲を島津義弘が朝鮮半島で使ったものだから、明軍は文字どおり死屍累々。そこで彼らは鉄砲のことを「石曼子《シーマンズ》」と呼んで恐れたのです。

それを見ていたのが、やがて清《しん》王朝を建てることになる満洲族の族長ヌルハチでした。明は弱い、と見て取ったヌルハチは、われに倭銃あり、と言って鉄砲をもって明を攻め、そしてシナ制覇に成功したわけです。

したがって、もし秀吉が朝鮮半島に攻め込んでいなかったら、明王朝が崩壊して清王朝ができたかどうか――。

こうして、日本の朝鮮征伐は東アジアの歴史を動かしたわけですが、しないでもいい海外派兵であったこともまた事実です。

その朝鮮征伐を、秀吉側近の石田三成は止めなかった。三成が真の大政治家であれば、耄《もう》碌《ろく》している秀吉の出兵を諫《いさ》めていたはずです。それをしなかったというのは、三成も周恩来同様、「長いものには巻かれろ」型の政治家であったことを示していると言えましょう。

## 民衆の嫉妬心

民衆の嫉妬も怖い。

第二章でも触れたように、庶民というのは気に喰わない相手を見ると「ハンドウ」を回します。また、桂太郎や岸信介のように一度頂点をきわめた人物が「再登場」することを拒否して、総理の座から引き下ろすのも民衆の嫉妬心です。

ここでは、ギリシアの優れた政治家テミストクレスのケースを見ておきます。

彼の出生条件はきわめて悪かった。当時のアテネ市民には裕福な市民と卑《いや》しい市民の二種類があったが、テミストクレスの父親は卑しい市民の階級であった。しかも母親は外国人。家柄や血統を重視するアテネの都市では最悪の条件の下に生れたと言える。

それにもかかわらず、少年テミストクレスは政治的野心を捨てようとしなかったので、父親は彼を海辺に連れて行き、浜辺に打ち上げられて、もはや使い物にならなくなった木製の小舟を指さしてこう諭《さと》した。あの舟を見よ。政治家というものはいくら栄え、どれだけの権力をもっても、最後は民衆からあのように見捨てられる。捨てられた舟――これが政治家の運命だ、と。

しかし、野心を抱いたテミストクレスは父親の教訓に耳を貸そうとはしなかった。

抜群の政治的能力を具えていたテミストクレスはその後、三十四歳で最高執務官（日本で言えば内閣総理大臣）に就任し、ペルシア軍と戦い、これを打ち破って祖国の危機を救った。テミストクレスは救国の英雄として位人臣をきわめたわけであるが、さて、そうなると民衆のあいだに嫉妬が芽ばえてくる。テミストクレス、テミストクレス、と騒ぐけれども、本《もと》を正《ただ》せば卑しい生れではないか。

　これが民衆の嫉妬心です。

　日本のこととして言えば、大雪の新潟の田舎から出てきた博労《ばくろう》の倅《せがれ》を一度は総理大臣にして「今太閤」と呼んで煽っておきながら、すぐまた引きずり下ろした。そうしなければ気が済まないのが庶民というものなのである。

　さて、テミストクレスにはアリスティデスというライバルがいた。一度はテミストクレスが追い落とした相手であったが、それが復帰してきた。そこでオストラシズム（陶片追放《とうへんついほう》）の投票が行われることになった。

　以下は、私たち昭和初年生れには昔懐かしい少年少女向け『プルターク英雄伝』（沢田謙訳）で読んでみます。


　世に両雄ならび立たずという。嘗《かつ》て希臘《ギリシア》全土が、強敵波斯《ペルシア》の鉄蹄《てってい》に踏み躙《にじ》られて、未曾《みぞ》有《う》の大困難に遭遇したとき、民衆が柱と頼んだのは、テミストクレスの智謀と胆略であった。そして希臘はアリスティデスの徳義と信望とを顧《かえり》みず、彼を国外に追放した。

然《しか》るにいまや時勢は一変した。希臘の望むところは、もはや戦争ではなく平和となった。発展ではなく守成となった。それと同時に彼等は、嘗《かつ》てアリスティデスに加えた同じ災《わざわ》いを、いまやテミストクレスに降そうとするのである。

彼（テミストクレス・谷沢注）は青年時代、父親が、荒磯に捨てられた小舟を指して、あれを見よ、あれが政治家の運命だよ、用がなくなると、あの通り民衆に捨てられるのだと戒めた。そのことを彼は思い出さずにはいられなかった。事実、その非命は刻々と、彼の身辺に近づきつつあったのである。

## 君主の嫉妬

君主が家臣に嫉妬するケースも珍しくありません。

司馬遼太郎が『播磨灘物語』で活写した黒田官兵衛に対する豊臣秀吉の嫉妬については前述したとおりですが、その『播磨灘物語』のなかで、天下人《てんかびと》になった秀吉は並《な》みいる臣下を前に、もしわしがここでポコッと死んだらだれが天下を取ると思うか、と尋ねます。すると、三河殿か利家《としいえ》老か……、という名が挙がります。

「三河殿」というのは言うまでもなく徳川家康、「利家老」は加賀百万石の前田利家です。それに対して、秀吉はひと言ぽつりと、こうつぶやきます。違う、あの官兵衛よ、と。

もちろん、このエピソードはつくられたものかもしれません。だが、こんな挿話が残るほど秀吉は官兵衛の才を妬ましく思っていたのです。

また、西郷隆盛に対する薩摩藩の「国父」島津久光の嫉妬も疑いようがありません。西郷は久光の兄で「名君」と謳われた島津斉彬《なりあきら》の寵臣《ちょうしん》であっただけでなく、藩内の人望も久光をはるかに凌《しの》いでいたからです。そのため久光は西郷を遠島《えんとう》処分にしています。本心は殺してしまいたかったのでしょうが、西郷の大人望あるいは大久保利通（当時は大久保一蔵）らの嘆願がそれを防ぎました。

司馬遼太郎『翔ぶが如く』にはこんな一節があります。

久光は愚昧《ぐまい》な男ではなかった。（中略）かれは亡き嫡兄斉彬を尊敬すること篤《あつ》く、その志を継ごうとする気持も強かった。ただその器ではなかった。久光は斉彬とはまるでちがった頑質《がんしつ》のもちぬしで、とくに西洋のものは医薬でさえきらいで、開明主義者ではなかった。西郷は故斉彬への追慕の思いが募《つの》れば募るほど久光への憎悪の思いがつよくなった。西郷は久光の面前で、「地五郎《じごろ》（田舎者）」と、そっぽをむきながら露骨に罵《ののし》ったことは有名である。

家臣から「地五郎」、つまり「田舎者めが」と罵られた久光は、生涯、西郷を憎んだと言われています。

もう一例、これは山内昌之氏も『嫉妬の世界史』で触れていますが、江戸城をつくったことで知られる太田道灌《おおたどうかん》に対する主君・上杉定正《うえすぎさだまさ》の嫉妬に触れておきましょう。

定正は道灌をフルに活用し、戦国の乱世を生き抜いてきたものの、道灌の活躍があまりにもめざましく、その声望が高まると、道灌を妬ましく、また疎《うと》ましく思うようになった。その結果、あろうことか、敵方にそそのかされた定正は一四八六年、忠臣・道灌に刺客を放ったのである。

糟谷《かすや》（いまの神奈川県伊勢原市）で刺客の手に斃《たお》れたとき、道灌はこう叫んだと言われている。

「当方、滅亡！」

ここで「当方」というのは、上杉家という意味です。

功臣である自分を殺すとは、これで上杉家もお終《しま》いだ、と言ったのです。あるいは、道灌の呪いの言葉と受け取ることもできましょう。現に、定正はほどなくして家臣たちから見限られ自滅しています。

## 官僚の嫉妬

殿様も嫉妬すれば民衆も嫉妬します。前章で見たように宗教界にも嫉妬が渦巻き、学界などはまさに嫉妬の一大集団。となれば、官僚が例外であろうはずがありません。

作家・星新一《ほししんいち》の父親の星一《はじめ》は星製薬の創業者でした。

彼についての伝記は、京谷大助《きょうたにだいすけ》『星とフォード』および大山恵佐《おおやまけいすけ》『星一評伝』と二冊ありますが、そのどちらに拠ってももし星一があの調子で事業を拡大していたら、星製薬はおそらく東洋一の大製薬会社になっていたことであろう、と言われています。

『星一評伝』の説くところにしたがえば、ざっとこんな論旨になります。

星に阿片《アヘン》事件という出来事が起らなかったならば、おそらく彼は「東洋第一」はもちろんのこと、世界有数の化学薬品の製造業者になっていたに違いない。阿片事件は、伸びゆく星の芽を摘《つ》むために仕組まれた、一部の内務官僚を中心とする悪辣《あくらつ》きわまりない陰謀であった。権力を濫用する封建日本の官僚の嫉妬や憎悪の犠牲となって、わが国の生んだ不世出《ふせいしゅつ》の大企業家の雄図《ゆうと》は無残にも挫《くじ》かれてしまったのである、と。

星一はアメリカで勉強して帰ってきて製薬会社を興《おこ》したが、絶対に真正面からしかモノを言わない、じつに清廉潔白な男であった。霞が関の役所へ行っても、一度も役人のご機嫌取りはしない。当然、接待もしなければ贈り物もしない。そして役人に非があれば堂々と相手を論破した。そのため官僚から極度の怨みを買うことになったのである。

生意気な星一を懲《こ》らしめるべし、叩きつぶすべしと、強烈な悪意をもって応接したのが内務省の山田《やまだ》衛生局長であり、台湾総督・伊沢多喜男《いさわたきお》であり、検察官長・後藤和佐治《ごとうかずさじ》であり、大銀行であった。

彼らは結託して法律を曲げてでも星一を苛め抜き叩きつづけ、それでも腰を曲げないと見るや、前台湾総督・後藤新平《ごとうしんぺい》のカネの出どころは星であり、それは阿片にからんだ汚《きたな》いカネである、というスキャンダルを流したのである。かくして、さしもの星製薬も窮地に追い込まれることとなった……。

その経緯を、実名を挙げて書いたのが星一の長男・星新一の『人民は弱し　官吏は強し』（新潮文庫）です。自分たちの圧力にも屈しない星一の姿を見て、官僚たちは憎悪を剝《む》き出しにしたのです。

私は先に第五章で、嫉妬が昂じると「怖さ」に転化すると書きましたが、その怖さはさらに「憎悪」にも「怒り」にも転化するのです。

日本の実業家で、官僚と真正面から対決し、自分の信念を押し通そうとしたのは星一だけでしょう。明治以来、実業家の自伝や評伝はじつにたくさん出されておりますが、そこに絶対に書かれていないことは、彼らが官僚といかに結託したかという一事です。日本経済新聞の名物連載「私の履歴書」を通読しても、自分がいかに省庁の上層官僚と昵懇《じっこん》の間柄になり、いかに献金したかということは一行も記されていません。しかし官僚と結託せずに成功した実業家はひとりもいないのが現実です。

それをあえてやろうとしたのが星一でした。だが、彼の挑戦は上に述べたような運命に終らざるをえなかった。まさに、人民は弱し　官吏は強し、なのです。

## 嫉妬と経済

経済というものは合理的な計算に基づいて発展します。

経済人、商売人に嫉妬は附きものですが、しかし人から嫉妬されたり、あるいは逆に、他人に嫉妬したりして成功した経済人はおそらくいないはずです。なりふりかまわず行動して経済的に勝利したとしても、それはどこかで嫉妬を招くだろうし、他人への嫉妬から行動したのではとても純粋なパワーとはならないからです。いずれも結局は失敗に終ります。

貿易について書かれた日本でいちばん古い考察は、江戸初期の貿易商にして学者・書家としても有名だった角倉素庵《すみのくらそあん》の「船中規約」です。そのなかに次のような指摘が見られます。

　凡《およ》そ回易《かいえき》之事《のこと》は、有無《うむ》を通じて人と己《おのれ》を利する也。人を損じて己を益するに非《あら》ず。利を共にするは小なりと雖《いへど》も還《かへ》つて大也。利を共にせざるは大なりと雖も還つて小なり。

自分だけいい目を見ようと思ってはダメだ。自分も得して、相手にも儲けさせるぐらいでないと貿易はうまくいかない。これが角倉素庵の哲学でした。

経済学の始祖と言われるアダム・スミスも有名な『国富論』のなかで以下のように説いています。――外国貿易は、自国の余剰物資を輸出して、他国の物資と交換し、それによって自国民の欲望の一部を満たし、享楽を増大させるのであり、かくすることによって、自国の余剰物資に価値を与えるのである。労働の生産物が国内消費を超過して余ろうとも、外国貿易はいっそう広い市場を開くことによって、その国の労働を奨励し、生産力を改善し、年々の生産物を最大限に増加させ、その社会の真の富《とみ》と所得とを増大させる。つまり外国貿易こそは、その収益のいかんにかかわらず、一国の経済構造を発展させるものである、と。

先の角倉素庵はアダム・スミスより百年も前の人物です。したがって、彼の「船中規約」こそは、経済ないし貿易の法則を大局から概観した世界最古の名言というべきでしょう。しかも素庵は、自分だけ儲けるのは他者から嫉妬を買うだけだから「還つて小なり」、すなわち、損ですよ、と喝破している。経済であれ政治であれ、嫉妬を招くような行動は愚かであると、ちゃんと見抜いていたのです。

ドイツを統一したプロシア（いまのドイツ）の鉄血宰相ビスマルクは、次は当然オーストリアへ攻め入るだろうと見られていました。誰もがそう思っていた。ところが彼は普墺《ふおう》国境（現在のドイツ・オーストリア国境）のところで兵を止め、引き揚げたのです。

なぜか。

ビスマルクの理想はヨーロッパ全体を支配することではなく、ヨーロッパ諸国間の均衡をとることだったからです。ドイツならドイツが一極支配することは、ヨーロッパ全体の文化にとっては、結局は損であると考えていたのです。だからオーストリアへ攻め入ろうとしなかった。このあたりがビスマルクとヒトラーの大いなる相違でしょう。

その点では、「米国による一極支配」という考えに陥ってしまったアメリカのネオコン連中はビスマルクよりヒトラーに近いというべきです。だから、世界のあちこちで自爆テロが起ることにもなったのです。

人間は嫉妬心の塊ですから、ある一国が世界全体を支配することを好むはずがないのです。一国支配を喜ぶような国民はこの地球上に決していません。そうだとすれば、ネオコン連中が声を大にして、これからの世界はアメリカの一極集中だ、と言ったのは致命的な失敗だったと言うべきです。たとえそう思ったにしても、そう言ったり書いたりすべきではなかった。そんなことをすれば結局は反動を招くことになる。そのあらわれが自爆テロであることは言うまでもありません。

ネオコン連中は、あまりにも人間社会を知らなすぎました。

## 野党の嫉妬

日本で政党政治がはじまって以来、野党は何がなんでも与党に反対するという伝統ができてしまいました。現在の民主党について、かつての社会党みたいだ、といいますが、社会党どころか、昭和のはじめに野党になった政友会にそっくりです。あれこそ日本の野党の体質を如実に示した出来事です。

昭和五年四月に「統帥権干犯問題《とうすいけんかんぱんもんだい》」が起っています。

ロンドン海軍軍縮会議で、元首相・若槻礼次郎《わかつきれいじろう》を全権代表とする派遣団が米・英・日の建艦比率を「十」対「十」対「七」と決めてきたのが発端だった。まず、海軍が騒ぎ出した。大日本帝国憲法には「天皇ハ陸海軍ヲ統帥ス」（第十一条）という条項があるにもかかわらず、政府が勝手に建艦比率を決めてきたのは、天皇の統帥権を侵《おか》すものだと攻撃に出たのである。そんな軍部の尻馬に乗って、議会で「統帥権干犯！」と政府与党を攻撃したのが政友会総務の鳩山一郎《はとやまいちろう》だった（鳩山一郎はいうまでもなく、鳩山由紀夫《ゆきお》・邦夫《くにお》兄弟の祖父である）。

ちなみに、鳩山に「統帥権干犯」という智恵を吹き込んだのは二・二六事件に連座した右翼思想家・北一輝《きたいっき》だったという説もある。

それに対して時の首相・浜口雄幸《はまぐちおさち》はこう反論した。――「天皇ハ戦ヲ宣シ和ヲ講シ及諸般ノ条約ヲ締結ス」（第十三条）とある。では、政府が外交条約を結ぶのも天皇の権利を侵すことになるのか、と。

鳩山一郎や政友会は、こう切り返されて政府を追い詰めきれなかった。だが当時の新聞は、鳩山の「統帥権干犯」という威勢のいい政府攻撃を大きく取り上げ、囃《はや》し立てた。そこで鳩山はふたたび勢いづき、統帥権干犯問題を政争の具にしたのである。

そのため、浜口は右翼や軍部の怨みを買い、東京駅駅頭で狙撃され（同年十一月）、その傷がもとで翌年死亡した。

この一件を機に日本の議会政治は圧殺されてゆく。その意味で、議会政治崩壊の元凶は、軍部の詭弁《きべん》に悪ノリした鳩山一郎にあるというべきであろう。

日本の政治家は野党になると、人が変る。本来の野党は、自分たちが政権を取ったらこういうことをする、とひとつの目的を掲げて戦うものである。二大政党制が根づいたイギリスではちゃんとそれが行われている。ところが日本は違う。あり合わせのあらゆる材料を使って何がなんでも与党を攻撃する。

このように、手段を選ばない野党、というのが日本の政党政治の悪《あ》しき伝統であり、そうした陋習《ろうしゅう》をつくったのが鳩山一郎という政治家であった。

## 嫉妬と内部告発

内部告発ないし密告も現代特有の現象であるように思います。

そうした内部告発に走る人を衝《つ》き動かしているのは不平ないし嫉妬心です。ところが当の本人は、告発や密告を「正義」であると思おうとする。自分で自分を納得させたいからです。

しかし、それはまったくのウソ。人はやはり、会社や社会、同僚が面白くないから内部告発をするのです。

人間、誰にしても会社や組織に対して多少の怨みつらみを抱いています。でも、たいていの人はそれを忘れようとつとめます。ところがたまに、そうした怨みつらみを密《ひそ》かに培養し、執念にまで凝り固まらせるタイプがいます。そうした人間がかねてからの怨みを晴らすべく内部告発に踏み切るのです。

内部告発にはどす黒い情念がからんでいて、私はまったく好きになれませんが、それでもこう忠告しておきたい。——内部告発をするのであれば、そのときは会社（組織）を辞める覚悟でやれ、と。これが鉄則です。

同じ職場で机を並べてきた同僚たちの目、言い換えれば、自分に対する彼らの観察眼を軽く見てはなりません。密告や内部告発があれば、だれが密告したのか、絶対にわかってしまいます。情報というものは、ずっと絞っていけば、発信源は、あ、あいつだ、とわかってしまうものなのです。だから、その後も同じ会社にいつづけたいという希望があるなら、内部告発はやめることです。

よほど巧妙に第三者を経由させる方法もありますが、それにしたところでわかってしまうでしょう。いまも言ったように情報は、よくよく吟味すれば、どこから出たかということはだいたい想像がつくからです。

内部告発をするときは、自分はこの組織を去るのだと、身を捨てる覚悟をしておかなければならない。その組織に関して建設的な意見や意欲をもっているのであれば、それはもっと地道な方向で実現すべきです。一発、内部告発で……と考えるのはまったくのナンセンスです。

もっとも、最近は愉快犯的な傾向も見られます。必ずしもみずからの利益を求めて密告をするのではなく、社内全体が混乱するのを喜ぶという動機からの内部告発です。しかしそうした愉快犯にしても、社内で順風満帆であれば密告という挙には出ないはずです。やはり心のどこかに、腹が立つ、気に喰わない、という感情があるからこそ、告発に走るのでしょう。

内部告発もまた、現代に渦巻く嫉妬の一現象と言えます。

です。

## 嫉妬と分派

分派をつくることは絶対に世間の同情を買わない、ということもよくよく心得ておくべきです。

第四章で、尾崎紅葉の硯友社から独立した山田美妙、落語協会から脱退した三遊亭圓生の挫折について紹介しましたが、相撲史上で最も有名な分派事件には「春秋園事件」（昭和七年）があります。

出羽海《でわのうみ》部屋の天竜三郎《てんりゅうさぶろう》という力士が、相撲協会を牛耳っていた元常ノ花《つねのはな》の出羽海親方に反発した。出羽海親方は協会のカネを貯めることばかり考えていて、力士への待遇がまことに疎《おろそ》かだったからです。そこで天竜は、大関・大ノ里《おおのさと》や、将来横綱になるであろうと見られていた清水川《しみずがわ》といった大物力士を大勢集めて、相撲史上初めての大分派をつくろうとした。彼らが春秋園という料亭に籠もったので「春秋園事件」と呼ばれています。

相撲協会に対する天竜三郎の要求はことごとく正当でした。まことに立派な意見で、誰がどう見ても、協会のほうが悪い。だからこそ大ノ里など、人格者としても認められていた力士以下、たくさんの相撲取りが天竜のところへ集ったのです。

その結果どうなったかと言えば……やはり、大失敗に終りました。

相撲協会の側が切り崩しをやったからです。のちに横綱になる清水川を、横綱にしてやるから、と言って、まず引き抜いた。そうしてひとり、またひとりと、餌を差し出して一本釣りをしたのです。天竜サイドがそれに気づいたときは、関取の数は少なくなっていたといいます。

首謀者の天竜はもう協会へは戻れない。ただし、人格者として有名だった大関・大ノ里は一本釣りには引っかからなかったから、天竜たちは残った力士何人かで集団をつくり、全国各地および満洲まで巡業に出た。そうして最低限の生活を立てていたわけであるが、もはや相撲協会の敵ではありませんでした。

天竜三郎のこの「春秋園事件」は嫉妬からはじまったものではないけれど、山田美妙のように尾崎紅葉への嫉妬が動機になった分派活動もふくめて、いかなる場合でも分派は支持されないというのが日本の特徴でしょう。

## 女優の嫉妬

ふつうは嫉妬される立場にある人気女優が嫉妬についてどう考えているか――本章の最後は、マドレーヌ・シャンプルのインタビュー集『嫉妬』から、フランスの女優ジャンヌ・モローの回答を引いておきます。

ジャンヌ・モロー　わたしにとって嫉妬とは、恋愛における常軌を逸《いっ》した苦しみのひとつね。幸せっていう言葉は好きではないわ。口にしたくないし、聞きたくもない……。だれでも知っているように、恋愛とか熱情はまったく異常な高揚状態であって、歓《よろこ》びも恐れも楽しみも苦しみもともなっている。恋愛の苦しみのひとつ、それが嫉妬ね。（中略）嫉妬にまつわることはとてもよく記憶に残っているわ。嫉妬は感情なんてものじゃなく、堪えがたい感覚ね。その激しさといったらもう、頭のてっぺんから足の先までゆさぶられるほど。体じゅうが震えだして、気を失いそうになるわ……。はじめはひとつの感情であったものがこんなに強烈で苦しい肉体感覚をともなうなんて、なんだか不思議ね。まるで手袋みたいに自分が裏がえしにされてしまう――わたし自身のことを言ってるのよ……。わたし、この感覚がとても怖いの。（中略）だれもが知っていることだと思うけど、ひとりの男を愛していながら別の男と浮気しているときに嫉妬をおぼえることがあるわ。わたしはこう考えるの――わたしは別の男と浮気をしながらも、今までと同じようにかれを愛することができる。かれといるときは以前と同じように楽しい。わたしがセックスしたい相手は明らかにかれのほうだ。かれにとっても事情はまったく同じだと言えないだろうか？　かれもわたしとまったく同じことを考えているのではなかろうか？　いまのこの一瞬も、別の女と浮気しているんじゃないだろうか？　すると、新しい浮気の真っ最中だというのに、わたしがしていることをかれだってしていると思っただけで、突然、しめつけられるような感覚、ひき裂かれるような肉体感覚をおぼえるの！　それが嫉妬ね。

世界的大女優も嫉妬することを知って、話を「男の嫉妬・女の嫉妬」へ進めようと思います。それが次章のテーマです。

第8章

# 男の嫉妬・女の嫉妬

## 人の一生は諦めの歴史である

男の嫉妬、女の嫉妬。

これこそ嫉妬の第一のテーマ、言い換えれば、嫉妬の根本問題と言うべきです。なぜかと言えば、男の嫉妬も女の嫉妬も「セックス」という、どうやっても解消しがたい嫉妬の根源に根ざしているからです。

まず、順序立てて言ってみましょう。

そもそも嫉妬はなぜ起るのか。それはわれわれ人間が、他人に反感を抱くところに発します。

人は成長する。子供から思春期に入り、青年になり、一人前《いっちょまえ》になっていく。その成長過程は言い換えると、自分は何々にはなれない、ということをひとつずつ諦め納得していくプロセスでしょう。

たとえば自分は、相撲協会が血相変えて呼びにくるような体格ではない。巨人のスカウトがやってくるような運動能力は無い。すれちがった女の子がハッと振り向いてくれるような男前ではない。中学、高校、大学と、超一流校でずっとトップで通せるようなそんな知力も無い。すなわち、コレが無い、アレが無い。自分にはアレができない、コレもできない……。そういうことを身に沁《し》みて感じるのが人生です。そうした冷厳なる事実を生活体験のなかで身をもって知り、次第に諦めていく。

このように、みずからを諦め、みずから納得していくのがふつうの人間の人生なのです。

それゆえ、なぜ映画会社が自分をスカウトにこないのかといって怒っている人間はまずいないはずです。ある年齢に達すると、自分はその埒外《らちがい》である、ということをみな痛感するようになるのです。

まず、肉体的な能力の欠如。これは一発喧嘩をすればすぐわかります。同級生にゴジラ松《まつ》井《い》〔秀喜《ひでき》〕のような男がいたら、これと喧嘩をして勝てるわけがない。だからすぐ諦められる。

頭脳は、これはちょっと諦めがたいところがあります。誰でも、オレは馬鹿ではないという自負心があるからです。しかし一流校で中学、高校とトップを走り、それから東京大学法学部へラクラク入学、というコースを歩むほどの秀才ではない。その下である。事実をもってそういうことを知らされれば、これも納得せざるをえないでしょう。

人間の一生は諦めを重ねていく歴史なのです。人間は成長するにつれ、自分が得られたかもしれない幸福、得られたかもしれない地位を断念していく。そして、オレはダメだなあ、慰《なぐさ》めとしみじみ溜息《ためいき》を洩らす。もっとも、世の中、下には下がある、と思ってみずからを慰めることもあるでしょう。

おそらくそれが人の一生というものです。

問題は十分に諦めきれない場合だ。嫉妬はそこから生じる。

そこそこの美人、それなりの知力……の場合、十分に諦めきれないから、開花した才能、女優、華やかなインテリに嫉妬することになる。しかしそれはまあ一部の人間の話であって、われわれ一般大衆は成長過程でひとつひとつ自分の才覚を見限ってきたから、そんな心配はしないで済むわけです。

ところが、そうした平凡な男女でも最後までなかなか諦めきれないものがあります。

それが——セックスの能力です。

## 男は自分以外の男に嫉妬する

これまで見てきたように、嫉妬にはいろいろな原因があり、さまざまなパターンがあります。でも、いちばんの根源に横たわっているのは性的能力の問題ではないでしょうか。この一点だけはどうしても諦めきれない。どうも納得ができないのです。

人間には個人差があります。

もうひとつ難儀なことに、想像力があります。したがって、自分が知覚しないこと、経験しないことについて妙な空想を頭のなかに築き上げ、それによって自分の気持を痛めつけることがあるのです。言い換えれば、人は想像力によって自分を不幸にする。人間にはどうもそういう傾向があるようですが、そうしたイマジネーションがいちばんよくはたらくのがセックスの世界です。

男の場合、性的能力はほとんどペニスに集中しているから、そこからいわゆる「巨根伝説」が生れます。逆にいえば、自分の持ち物は小さくてダメなんじゃないかという不安感、劣等感が生じる。

自分のペニスは小さいのではないか。もっと巨《おお》きなモノをもっている男がいるのではないか。男にとって、この想像力を脳髄《のうずい》から完全に消し去ることはきわめてむずかしい。だからみな、男はほかの男に対して空想的劣等感をいだくようになるのである。特定の誰というわけではなく、ほかの男全般に嫉妬する。

そこから、いつの時代にあっても某々《だれそれ》はこんな巨きなペニスをもっていた、という巨根伝説が生れる。

しかし、ちょっと理性的に考えればわかるように、巨根伝説などというものはまったくのナンセンスでしょう。「巨きい」ということが女性を歓《よろこ》ばせる尺度になるはずがないからです。サルは餌を与えられると、このときとばかり口いっぱいに頬《ほお》ばりますが、あんなふうに女性の性器いっぱいに巨根を頬ばらせることが果して女性を歓ばせる道でしょうか。

高度経済成長時代、「重厚長大」という言葉が流行《はや》った。そのとき生れたのが、その正反対の「軽薄短小」という言葉であった。すると、ウイットに富《と》んだサントリーの会長・佐治敬三は、ある講演会で、男子たるもの、『短小』という言葉は断じて口にすべきではナイ、と言って会場を笑わせたという話があるが、巨根でありさえすれば女性が歓ぶというのはどう考えてもおかしいのです。

後述するように、女性の体は全身が性感帯です。その性感帯を上手に攻め立てる「性技」こそが女性を歓ばせる道なのです。巨根でありさえすれば、などというのは愚劣《ぐれつ》きわまる民間伝承のようなものなのです。

したがって巨根は「男の条件」ではありません。

にもかかわらず、それを気にするのが男なのです。

男がその次に恐れるのが、相手の女性がすでに性の経験者であり、自分の性行為をほかの男の性行為と比較して自分を劣位に考えはしまいか……ということだ。この恐怖感が男を支配する。

最近は、結婚前の女性がバージンであることはほとんどありえないから、この恐れはますます強まっています。必然的に、男はみな性的意味において、ほかの男全員に嫉妬心をいだくことになるのです。

### 女もあらゆる女に嫉妬する

一方、女性が怖がっているのは何かというと、ひとつには風評です。

昔はいまのように内風呂がなかったから、みな銭湯《せんとう》へ行きました。これが年ごろの女にとっては辛かった。銭湯は女を値踏みする試験場だったからです。

当時は処女を「生娘《きむすめ》」と呼んでいました。縁談がもち上がると、その娘が生娘か、すでに男を知っているかが大問題になりました。そこに登場するのが出しゃばりオバサンです。

先方の娘がどこの銭湯に通っているか、それはすぐ知れる。そこでオバサンは湯船に浸《つ》かったり上がったりしながら辛抱強く娘を待つ。そして、お目当ての娘が入ってきたら近くへ寄って心ゆくまで観察し、鼻うごめかしながら「体験」の有無を探り当て、そうして生娘か否かを逐一《ちくいち》報告したのである。

もっとも、娘の側にも味方のオバサンがついていた。体型が大きく崩れているのでないかぎり、ちょっとぐらい「前科」があろうと、ただちにそれが外へあらわれるわけもないから、そんな場合は生娘らしい仕種《しぐさ》を教え込んだ。それを受け、娘は過剰に「処女《おとめ》」を演じたのである。少々の経験など、おそらく見抜くことはできなかったことでしょう。

とすれば、銭湯での観察より確実なのは「聞き合わせ」であった。街角のタバコ屋に坐っているオバサンは娘たちのふだんの行動をすべて見ていたから、タバコ屋のオバサンから聞き出した。あるいは、髪結《かみゆい》に鼻薬《はなぐすり》をきかせて、正味のところ教えとくなはれ、と言えば口を割ったことでしょう。女学校の先生たちのところへもアレやコレやと問い合わせが殺到した。

女はそれが怖かったのです。

たしかにいまは、男を取っかえ引っかえしようとも、結婚に支障をきたすことはあまりありません。しかしながら、近所の目――これは怖い。世は敵、である以上、あとあとまで何を言われつづけるかわからないからです。

作家の宇野千代《うのちよ》はいったい何回結婚したことでしょう。結婚、離婚を繰り返したから、有名な逸話が残ってしまった。

あれは作家・尾崎士郎《おざきしろう》と結婚したときであったか、それとも画家・東郷青児《とうごうせいじ》と結婚したときだったか。結婚披露宴の案内状を丹羽文雄にも出した。すると、丹羽文雄から丁重な返事がきたという。そこに曰く。このたびはまことに恐縮ではありますが、時間の余裕がありません。やむなく欠席いたします。ただし、次回は必ずや出席いたします、と。

こうした風評のほかに女が恐れるのは、やはり「ほかの女」である。

自分よりももっと上手に男を歓ばせる（あるいは有頂天にさせる）、そういう見事な膣《ちつ》をもっている女がいるのではないかと想像するからです。それはあくまでも想像にすぎません。

しかし、その想像が女全員を苦しめている。

まして自分の恋人ないし亭主が浮気していれば、浮気相手の女がいかに素晴らしいセックスをするのかと想像して、気も狂わんばかりになる。挙句《あげく》の果てには、その女を過剰に嫉妬することになる。

たしかに、人間の想像力は文明を発展させたけれども、それと同時に、人間に精神的苦痛の種を蒔《ま》いたのです。

## 男の性・女の性

男の場合は、社会的に成功するとか会社で出世するとか、セックス以外の場面で自分の能力を示すことができるから、性の妄想を断《た》ち切ることが比較的できやすい。

ところが女の場合は、いくら社会進出が進んでいると言ってもまだそこまではいかない。社会的地位や名誉が、セックスの代償にはなかなかならない。そこで性の呪縛は男の場合より強くなる傾向がある。

しかも女性全員を裸に剝くわけにはいかないから、あの女（亭主の浮気相手であれ、恋人のかつての彼女であれ、さらには夫の前妻であれ）はどれほど見事な膣をもっているのだろうか（もっていたのだろうか）という思いに捉われる。あるいは、そういう恐怖感ないし劣等感が芽ばえる。本来、セックスにはそれほどの差はありえないのだが、そういうふうに考えがちだ。そこから、男女の葛藤がいろいろなバリエーションをもって出現することになる。

しかも、男と女では体に違いがある。

私は、男のセックスの場合は「性感」という言葉を使い、女性の場合は「性反応」という言葉を使うことにしている。男の場合は不幸にして肉体的興奮が生じる性感帯はペニスだけであるが、女の場合は全身でセックスに反応するからである。

女性には性のツボがいくつもある。性器だけではなく、体じゅうに点在・散在している。鍼灸《しんきゅう》の世界には体じゅうのツボをさし示した経絡図《けいらくず》というものがあるが、女性の性感帯もあのようなものであろう。ハリや灸では、ここを刺激したのにどうしてそれがあそこへ響くのかと驚くようなツボがいくつもあるが、近代医学ではいまだにその謎を解明できない。しかし、たしかに効《き》くのである。それと同じように、女の体には「性のツボ」があちこちにあるのだ。そこが男との大きな違いである。

なぜ、女の体と男の体はかくも違うのか。あえてその理由をこじつければ、公平なる神は女性に妊娠・出産という大役を押しつけた代りに、おおいなる性反応を呈するツボをたくさんつくってくれたのであろう。

しかしそれが災いする場合もある。前述したように、あの女はどれほど見事なセックスをもっているのだろうという劣等感に捉われた場合だ。あるいは夫（恋人）の浮気相手はどんなセックスで夫（恋人）を有頂天にさせるのだろうと想像した場合である。そんなとき、女の嫉妬はどうにもしようがない泥沼にはまり込む。

人類がこの地球に生存するかぎり、女がほかの女を嫉妬するというこの感情のもつれは永遠に解決されない。

そこで男と女は互いに相手の性体験が少ないことを願いつつ、お互いの体験数を知りたがるのである。

男にとっていちばん望ましいのは処女である。自分のセックスをほかの男と比較される恐れがないからです。

女にとっても、セックス体験があまりないお坊ちゃんのような男が好ましい。これまた自分のセックスをほかの女のセックスと比較検討される懸念《けねん》がないからです。女にとって自分のセックスをほかの女のそれと比較され検討されることほどやるせないものは無い。そんなことは、考えただけでもおぞましい。

**妻の嫉妬**

恋愛結婚はあまりうまくいかない、見合い結婚のほうがうまくいく確率が高いという話があります。なぜかと言えば、恋愛結婚のほうが相手に対する期待度が高いからです。自分でいいと思った相手ですから、その「いい」と思ったところが期待外れであった場合、甚《はなは》だしく幻滅することになります。それによって大きなダメージを受ける。その点、見合い結婚は相手に対してそんなに高い期待感をもたないから、幻滅も少なくて済みます。結婚してからも、夫婦なんてこんなもンや、ということで、まあ、うまくいくケースが多いのでしょう。

とはいえ、男女の仲はじつにむずかしいものです。いくら仲のいい夫婦であろうと、嫉妬のタネはそこらじゅうに転がっています。

だいたい妻は、夫が非常に親しくしている人間に嫉妬します。夫の親しくしているのが男であっても嫉妬する。だから、大学教授が若いときの弟子を自分の後継者にするケースが少ないのです。

東京帝国大学法学部の憲法学講座において美濃部達吉《みのべたつきち》の跡を継いだ宮沢俊義《みやざわとしよし》は、美濃部最晩年の弟子でした。夫も老《ふ》け、妻も嫉妬するだけの元気がなくなったころの弟子が講座の後継者になる確率が高いのは、以上のような理由によります。

夫婦関係のむずかしさ、嫉妬をめぐる問題のむずかしさについて、私はある友人のことを思い出します。

彼はある会社へ入って、そこで結婚しました。奥さんとすれば平凡なサラリーマンの妻として一生を送るつもりだったと思います。ところが彼にはある種の才能があったから、広告宣伝業界でその名を知られるようになり、ついには従業員四十人ほどの広告宣伝会社をつくって社長に納まりました。すると間もなく、奥さんが精神に変調をきたしてしまったのです。

夫の出世に嫉妬したのか、それとも生活の変化がある種のショックになったのか、正確な原因はわかりませんけれど、とにかく社長になった夫に不満をいだくようになった。きょうは早く帰ってきてよ、そうはいかん。そんなやりとりが毎日つづくうちに、ついに奥さんは本格的に精神のバランスを崩して、やがては別居することになってしまいます。

夫が有名になったり会社で出世したりすれば、その恩恵にあずかれるわけですから妻も喜ぶはずだ、と考えるのは短慮です。自分の手からどんどん離れ、今日は誰それ、明日は誰々と会食だ、と忙しく飛び回る夫に対し、妻が深い嫉妬心を抱くようになるケースも珍しくないのです。

人間とはかくも難解な存在なのであります。

**妻のセックス**

もうひとつ、人間には飽《あ》きるという厄介な問題があります。

どんなに熱烈な恋愛結婚であろうとも夫婦にはやがて飽きがくる。妻だって、いつも最高度に夫を歓ばせる努力をするわけにはいかないから、夫は妻とのセックスに飽きてくる。逆もまた真なり、です。

いやそれどころか、昔から男は妻に女の絶頂を教えないのが家庭円満の秘訣であるという言い伝えがあります。妻には、セックスとはこんなものか、と思わせておけ、というわけです。

妻のツボを押さえ、ある程度の高みまで登りつめさせてしまったら、セックスのたびにいつもそこまで押し上げてやらなければなりません。そんなシンドイことができるでしょうか。そこで、女房に対しても――「由《よ》らしむべし、知らしむべからず」という金言があるのです。この名言はなにも一国の統治だけではなく、セックスにも当てはまるというのです。

したがって、昔から賢《かしこ》い男は自分の女房を頂点にまでは登らせません。セックスはこんなものか、と思わせる。これが夫の腕だというのです。

そこで思い出すのは、全盲の鍼《はり》の先生です。もう亡くなりましたが、その先生が実感を込めてこういったことがあります。――女の歓びの到達点を知らない奥さんはぎょうさんおりますナ。セックスとは、夫が求めてきたらさせてあげる、そんなもんやと思うてはる妻《ひと》が大半です。一生女の歓びを知らずにいる奥さんは六〇パーセントぐらいおるんやないでしょうか、と。

じっさい、江戸時代の武家の場合、妻のいちばん大事な役目は世継ぎの子を生むことでした。そして、絶対に浮気しないこと。浮気をすると、その家の血統に他所《よそ》の種が入ることになるからです。そのため妻には、もっと大いなる性の歓びがあるのではないかという想像を禁じたわけです。まさにナントカ大臣ではないけれども、女は、子供を産む機械、と割り切らせたのです。それが男の智恵でした。

ところが近年、ことに昭和期に入ってから増えたのが、女性の浮気です。女性の浮気のいちばんのきっかけはテニス・クラブだと言われた時期があります。

私の知っている話ではこんなケースがありました。

夫は有名な政治学者。若くしてその名を謳われ、順風満帆の日々を送っていました。夫婦とも学者の家に育ったお坊ちゃんお嬢ちゃんでしたから、まあ飯事《ままごと》のような夫婦生活を送っていたと思われます。

夫は勉強ばかりしている。そこで無聊《ぶりよう》の妻はテニス・スクールに通いはじめた。周知のように、この手の有閑マダムを集めるスポーツ・クラブにはまともな教師と共存するかたちで、情事のお相手をつとめるための誘惑男《ジゴロ》も置いています。

そのひとりが教授夫人に目をつけた。そして、腕によりをかけて夫人をたらし込んだのです。天下にその名が轟いた男の女房にこっそり手をつけ、ひそかに教授の鼻をあかす気分はまた格別であったことであろうと想像されます。

夫人はたちまち陥落した。いや、それだけでなく、その二枚目《ジゴロ》にぞっこん惚《ほ》れこんでしまった。というのも、この色男《ジゴロ》によって生れて初めて女の歓びを知ったからです。

さあそこで、教授夫人は一大決心をするに至りました。夫も子供も何もかも捨てて男といっしょになるべく家出してしまったのです。閉口したのは悪戯男《ジゴロ》です。世間に名の通っている有名な政治学者の妻だから落としたのに、その女がすっぽんぽんの丸はだかで飛び出してきたのでは、もはや三文の値打ちもない。当然、冷たく突き放した。

このあたりの成り行きはフローベールの名作『ボヴァリー夫人』の粗筋《あらすじ》そっくりです。

そこで教授夫人は窮《きゅう》して立ち往生してしまった。そのとき夫である政治学者は、過ぎたことは問わないから家へ帰ってきてくれと、招き寄せた。ふつうなら元の鞘《さや》に収まって一件落着、というところでしょう。ところが女は戻らなかった。なぜか――。

恥を知っていたからか。もちろんそれもあったでしょうが、それよりもっと深く夫を恨んでいたからではないか、というのが私の想像です。

もしこの夫と平穏無事な暮しをつづけていたなら、自分はついに一生、女として当然味わうことのできる歓びを知らずにいたに違いない。女の一生をあたら空《むな》しく棒に振るところであった。この怨みだけは消すことができない……。

私はこのケースを知ったとき、教授夫人の心中をそう推察しました。

自分が知らぬ間に、世の女たちはかくもめくるめくような陶酔に浸《ひた》っていたのか。それも、夜な夜な。そう思うと、教授夫人は世の女性たち全員に強く嫉妬すると同時に、夫に対して烈しい怒りと怨みを感じたに違いありません。

**遊郭とは何か**

昭和のはじめ、日本中の遊郭を隈《くま》なく調べ歩いた人がいます。その人が書いた本を見ると、遊郭は全国各地にもうイヤになるくらいありました。

その遊郭も昭和三十二年四月、売春防止法が施行されて無くなります。

ただし、遊郭を廃止する運動に成功した女性たちは遊郭の実態をまるで知りませんでした。彼女らは、遊郭とはもっぱら若い男性が性欲の捌《は》け口《ぐち》を求めて行くところだと思い違いしていたのです。

実態はまるで違います。

登楼には「ちょんの間」と「宿り《とま》」の二種類があった。「ちょんの間」は「宿り」より安いけれども、それでもかなりの出費だった。しかも二流、三流の遊郭でも、主流は「宿り」。とても若い者では通うことは叶わなかった。客は中年男だったのである。

客の主流が中年男だったことは、女郎《じょろう》の部屋を見れば一目瞭然です。どの部屋にも必ず少し年季の入った茶簞笥《ちゃだんす》が置かれ、よく拭き込まれていた。角火鉢《かくひばち》には炭が熾《おこ》され、座ぶとんが見栄《みば》えよくふっくら膨《ふく》らんでいる。どの部屋も、判で捺《お》したようにたたずまいは同じでした。そう、これは当時の中流家庭の理想的な茶の間を演出していたのです。

わが家では女房が無神経で行き届かず、こまやかな世話をしてもらえない。だから男どもはいっときの寛《くつろ》ぎと慰めを求めて遊郭へ出かけて行ったのです。

どの家でも、嫁《か》したばかりの妻は若くて初々《ういうい》しい。だが、昔の妻の役割はまず子供を生むことでした。ひとり生みさえすれば妻の座は、まあ磐石となり、それゆえ子供を生むたびに妻の態度はデカくなっていったのです。

こんな川柳がある。

添《そ》え乳《ぢ》して　棚に鰯《いわし》が　ござりやす

女房は、疲れて帰ってきた亭主を出迎えるどころか、横になって何人目かの赤ん坊に乳房をふくませている。飯《めし》は炊いてあるものの、すでに冷えている。そしてお菜《かず》は棚の上に置いてある干しイワシだというのである。「棚に鰯がござりやす」から勝手に食べて、というわけである。

こんな風景が日本中いたるところで見られたのだ。まあ、やむをえない……とは思うものの、亭主としては面白くない。そこで中年男どもは遊郭へ繰り出したのである。

遊郭のほうでは、温《あたた》かく男を迎え入れる「家庭」を演出した。それが上述した茶簞笥であり角火鉢でありふっくらとした座布団であった。いわば遊郭とはつくりあげられた家庭だったのです。擬似家庭でした。

おカネがたっぷりある旦那《だんな》連中は藝者《げいしや》遊びをした。そこまでの余裕のない人が遊郭へ出かけ、あらまほしき家庭の温かさを束《つか》の間《ま》味わったのである。その意味では遊郭とは、じつは衛生無害な避難所（アジール）でした。

とはいえ、藝者遊びや遊郭がそういう性格のものであり、そうした場所であるということを一般の女性に納得させることはむずかしい。女郎、藝者と自分の亭主がどういう関係にあるのか、そこがわからないから、遊郭へ行った、行かない、で家庭のなかがガタガタしたのである。もちろん遊郭へ行けばセックスの関係はありました。しかし、それは実害のあるセックスではありませんでした。

現に、藝者に入れあげて糟糠《そうこう》の妻を叩き出したなどという話はよほどの変わり者でないかぎりありえない。後漢書《ごかんじょ》に「糟糠の妻は堂より下さず」という言葉があるように、男どもは遊びと家庭をきっちりと分け、理性的かつ合理的に遊んでいたのです。したがって妻が遊郭や遊女や藝者に嫉妬するのはまったくのナンセンス、というべきでした。

ただし、世の女性たちを遊郭や藝者屋へ連れて行って現場を見せるわけにもいかないから、実害は無いのだよといって説得するのはむずかしかった。そうこうするうち遊郭は女性運動家たちの手によって息の根を止められてしまったのである。

## 坪内逍遥の蹉跌《さてつ》

いうまでもなく遊郭は「営業」だから、経営者は女たちに、いかに男を歓ばせるか、というテクニックを教え込んだ。言葉づかいから性の反応にいたるまで、こうすれば男が歓ぶという「型」を教育した。そして遊女たちはまことに巧みな反応を示して男をいい気分にさせてくれたのである。

いってみれば、遊郭は全部ウソで固めた世界でした。帝大出の文学士・逍遥はまだ若かったから、ウソを本気にしたのが若き日の坪内逍遥です。根津《ねづ》（東京・文京区）の遊郭「大八幡楼」の女郎さんにすっかり惚れ込んでしまった。客あしらいのうまさ、自分の気持を解きほぐしてくれる態度物腰、それを全部ホンモノだと錯覚してしまった逍遥は、大枚を払って「セン」という女性（源氏名は「花紫」）を落籍《ひか》せて女房にしました（これをテーマに松本清張が『文豪』を書いている）。

それから先の逍遥の一生はたいへんでした。この妻がわからず屋のヒステリーで嫉妬深くて物知らず、もちろん勉強などしようともしない。逍遥はそんなどうしようもない女と一生添い遂げる破目になりました。

逍遥が早稲田の附属中学の校長になったときのこと、自宅の塀に落書きをされた。女郎を女房にしている男が倫理学を説くのか、と。だから、逍遥はあらゆる栄誉をみな断わっています。博士号をもらうときも相当ためらっているし、早稲田大学の文学科長に推薦されたときは固辞しています。帝国学士院の会員に推されたときも辞退している。何かのトップに就くことも遠慮した。パーティーがあっても絶対に女房は連れて行かない。家のなかに押し込めていました。

そして、女房に対するどうにもしようがない不平不満はみな日記に書きました。ただし英文です。日本語で書くと女房が見る恐れがあるから、読めないように英語で書いた。有名な話です。

一方、藝者と結婚した男は誰でも、それをおおっぴらに示しました。妻《うちの》は（藝者として）出てましたから、と公言した。そういうと、むしろ自慢になったからです。

女郎を女房にした場合はそうはいかない。坪内逍遥のように徹底的にそれを隠しました。遠くへ引っ越すことさえありました。

藝者と遊女、両者のあいだにはちょっとの差しかないのに、格式を重んじる日本ではあえて両者の差を大きく引き離したのだと思います。

## 男が喜ぶこの言葉

上方《かみがた》は「回し」をとりませんでした。女の部屋に上がったら、女はその部屋にずっといました。

ところが東京の場合は、江戸時代から圧倒的に女の数が少なかったら回しをとるのがふつうでした。女は三つぐらいの部屋に三人の男を上げておいて、その部屋を順番に回っていくわけです。だから、男は不満の塊になってジリジリしている。女がやってくるのを心待ちにしている。そのとき遅くなってゴメンね、などと、ありふれた言葉をかけたのでは何の効果もありません。男の不満はとけやしない。

では、どう言えばいいか。あ〜寒い、暖めてェ、と鼻をならしながら言うことです。そして布団にもぐり込み、男の体にすがりつく。ついでに男の股間に冷んやりとした太腿を差し入れる。そうすれば、たいていの男はご機嫌になった。十人が十人、喜んだはずです。

ところで、遊女は絶対に頂点に達しません。毎回イッていたら体がもちません。男がどんな手管《てくだ》を使おうと感じない。いわば不感症です。

そうではあるけれども、男が射精すると彼女たちも、ああ〜、といって頂点に達したかのように演技はしました。遊郭はウソで固めた世界だから、それでいいわけです。男だってそんなことは知っています。しかし、ウソでもいいから絶頂に達したような演技をしてくれる女のほうが可愛いのです。

遊郭の世界には「体をはずす」という言葉がありました。まずそんなことはありえないわけですが、遊女がほんとうにイッてしまうことです。

川口松太郎《かわぐちまつたろう》に「遊女夕霧」という短篇があります。呉服屋の手代が夕霧のもとに通いつめる。そして相思相愛になり、夕霧が言う。「あんた。もう、わたし、体はずしちゃったじゃないの」。そう言われると男は全員喜びました。

参考までに、岡崎柾男《おかざきまさお》『洲崎《すざき》遊郭物語』から男を喜ばす言葉を引いておきましょう。

「うらやましいわ、奥さんが」（女房持ちはいい気分になる）
「お客さん、会社の女の子たちに人気があるでしょう」（モテない男でも悪い気はしない）
「あァあ、お客さんみたいなやさしい人ばっかりだと、いいなあ」（年配客に使う）
「ばかァ、イキそうになっちゃったじゃないの」（プロの女性をその寸前まで追い込んだかと思わせると、男は自分の性技に自信をもち、必ずと言っていいほど馴染《なじみ》になる）

## ゲイシャ・ワルツ

男にとって女から惚れられるのは何よりの勲章です。ところが地女《ぢおんな》、つまり素人女《しろうとおんな》に惚れられるのは男の勲章とはなりませんでした。というのも、素人女と男のあいだにそういう関係が生じると、結婚その他、浮世のいろんな問題がからまってきたからです。その点、藝者さんに惚れられるのは男の勲章でした。藝者は結婚など前提としないからです。いわば、擬似恋愛。遊びの恋愛。それでも、藝者が惚れるというのはいい男だからです。色男の証明になりました。

女郎が男に惚れることはありえませんが、藝者の場合は時にあったのです。そこで自分のほうに藝者の気持を向けさせ、自分がイッたら「まあ」といってくれるような、そんな状態になることが江戸時代の戯作《げさく》のテーマでした。

江戸後期の小説である戯作に素人女と男との関係はいっさい出てきません。舞台は必ず吉原遊郭です。吉原でも「角海老《かどえび》」「三浦屋」など、大門《おおもん》を入ってすぐのところの老舗《しにせ》の藝妓《げいぎ》でないといけなかった。そうでないと江戸後期の小説は成立しませんでした。そこで、角海老や三浦屋をふくめ、藝者事情に詳しいことが山東京伝《さんとうきょうでん》や柳亭種彦《りゅうていたねひこ》ら、戯作者たちの文学的能力のひとつと数えられたのです。

藝者に惚れられることは男の誉《ほま》れである、というテーゼをいちばん見事に歌の文句に縮約したのが西条八十《さいじょうやそ》の「ゲイシャ・ワルツ」です。

空には三日月　お座敷帰り
恋に重たい　舞い扇
逢わなきゃよかった　今夜のあなた
これが苦労の　はじめでしょうか

短い言葉でこれほどうまく藝者と客の関係を描いたものは、ほかに知りません。きれいな藝者から「逢《あ》わなきゃよかった、今夜のあなた……」などとささやかれたら、男は誰だって喜びます。

この詞を書いたとき、西条八十は早稲田大学のフランス文学科の教授でした。助教授時代から教授まで、ずっと早稲田に籍がありました。それでいて、「ゲイシャ・ワルツ」や「東京行進曲」「蘇州夜曲」などなど、日本中を沸かせる歌をつくったのです。おまけに、「東京音頭」以下、全国各地の「何々音頭」といった歌もつくっています。地方には花街やら遊郭がありましたから、そこの女たちが歌いかつ踊るためのご当地ソングが必要だった。そこで西条八十センセイは全国各地を回って数えきれないくらい「何々音頭」をつくったのです。

フランス文学の大学教授にしてヒット曲の作詞家、さらにご当地ソングの生みの親というのは奇跡に近い離《はな》れ業《わざ》でした。

こんな笑い話があります。西条八十教授が大真面目にフランス象徴派の詩人ステファヌ・マラルメについて講義していると、教室の外をチンドン屋が通りかかった。と、それがなんと「ゲイシャ・ワルツ」を演奏していたというのです。これには学生たちもドッと沸いたことは言うまでもありません。

西条八十は名物教授でしたから、当然、同僚たちの嫉妬の的《まと》でした。そんな西条八十を最後まで守って早稲田の教壇に立ちつづけられるようにしたのが吉江喬松《よしえきようしよう》というフランス文学者です。だから吉江喬松が昭和十五年に亡くなると、西条八十は早稲田を追い払われます。同僚たちの妬み嫉みが溜《た》まりに溜まっていましたから、まさに石もて追われるようなものでした。

## 役に立つ性書は無い

先に私は、男の場合は「性感」という言葉を使い、女性の場合は「性反応」という言葉を使うといいましたが、その手の問題について書かれた本はほとんどすべて読破しました。

戦後はヴァン・デ・ヴェルデから始まる——という有名な言葉があります。というのもヴアン・デ・ヴェルデの『完全なる結婚』は戦前、全訳を刊行できませんでしたが、戦後の昭和二十一年から、全訳が出版されはじめ記録的な売れ行きを示したからです。ただし、性感・性反応の面について言えば、『完全なる結婚』にはほとんど見るべきものはありません。

そこで名をなしたのが高橋鐵《たかはしてつ》でした。『あるす・あまとりあ』(「性愛の技法」といったほどの意味)を書き、サブ・タイトルにもあるように「性交態位62型の分析」をしたから、これはある意味では画期的でした。高橋鐵はいわば日本に「態位〈体位〉」という語を定着させた功労者です。

その高橋鐵をして地団駄踏む思いにさせたのが、謝国権《しゃこくけん》の『性生活の知恵』でした。高橋鐵の場合は態位といっても観念的にそれを説くだけでしたが、謝国権は巻頭の別刷り十一ページだけでなく、本文中にも多くの写真を入れたからです。それも、手足の動く木製の人形を使い、態位を具体的に説き示したのです。たとえば女性上位について、人形を組み合わせて、こう説いています。

相互に接吻《せっぷん》、抱擁が可能であり、女性の運動は自由である。ことに男性が女性の背後から臀部《でんぶ》を抱えて介助すれば、上下運動にも好適である。

謝国権はさらに工夫を凝らし、大判の『愛 THE LOVE IN SEX LIFE』では、人形の代りに若い女性を起用しました。そして、さまざまな姿勢をカラーで撮影、それを上下に切り離したカードに印刷して、組み合わせを変えながら態位を学べるようにしています。

こうして見せ方・売り方には工夫が凝らされていましたが、私からすれば、「性書」としての価値は薄いと言わざるをえません。と言うのも、高橋鐵と謝国権のふたりが論じた態位はあくまでも態位にすぎず、性行為の技能あるいは性感・性反応の極致にまで言及することがないからです。

では、大正二年から小倉清三郎《おぐらせいざぶろう》という人が妻ミチヨと刊行していた性体験レポート『相対会研究報告』はどうか。

当然、このレポートは発売禁止でした。そこで面白い話があります。昭和のはじめにアインシュタインが来日したのを機に岩波書店が「相対性原理」の翻訳書を出したところ、これが飛ぶように売れたといいます。なぜそんなものが売れたかといえば、読者は小倉清三郎の『相対会研究報告』の名を知るのみで見たことがなかったところへ、「相対性原理」と銘打った本が出たものだから、アチラの道の原理を記した本かと勘違いしたというのです。

たしかに『相対会研究報告』には、たくさん性体験記録が載っています。しかし、それがどこまでほんとうか——。

私はほとんど全部読んでみましたが、正真正銘の体験手記であるのかどうか、保証のかぎりではありません。

いつの世にも筆が立ちアイデアもあるけれど文壇には顔を出すことのできない不平文士が大勢います。そうした連中が「創作」した手記が大半ではないか、というのが私の判定です。したがって、丸ごと信用するわけにいかない。

私の読んだかぎり、どうしたら女性を階段の高いところまで導けるか、その超絶技法が読み取れるものはひとつとしてありませんでした。だから、バッサリ言ってしまえば、性体験の真実を書いたものは無いと言っていいと思います。

そんなふうにセックス関係の本はずいぶん調べましたが、結局は徒労であった、というのが正直なところです。

## 小説に見る性愛

ただし、ひとつだけ例外があります。それは広山義慶《ひろやまよしのり》の『女喰い』シリーズ（祥伝社文庫）です。

私の見るところ、これはフィクション四割、真実六割である。つまり、かなり真実に近いところまで性の奥義《おうぎ》に迫っています。

主人公は菅原志津馬。天職はスケコマシ。女体を悦《よろこ》ばせる愛技を伝授された彼は、十年間に三十人もの女をモノにして、彼女たちの貢《みつ》いでくれたカネで錦糸町駅前の一等地に三階建てのビルをもち、さらに三つのマンションを所有している。日々、肉体の鍛錬を忘れない菅原志津馬は、次のようなモットーをもっている。

「スケコマシに必要なものは、一に体力、二に体力、三、四がなくて、五に優しさだ」

「女は前から選ぶな、後ろから選べ」

後者について、かいつまんで菅原志津馬の哲学を紹介しておけば、第一に問題とすべきは尻のかたちである。丸みを帯びて後ろへ突き出したような尻、つまりよく発達した尻は感度もよく、適当に淫乱で、しかも女性本能に長《た》けている。楚々《そそ》として頼りなげな風情《ふぜい》の、ほっそりと見える女のほうが性欲ははるかに強く淫蕩《いんとう》である。その手の女たちをモノにするときは「裏8の字攻め」が有効である。ならば、「裏8の字攻め」とはいかなる性技か――。

詳しくは、直接本文をどうぞ。

ところで、セックスを描いてもっとも迫真的な表現がある小説は永井荷風《ながいかふう》の『腕くらべ』でしょう。『腕くらべ』には三種類の版があります。ひとつは一般公開用の抜粋本、もうひとつはアングラで出版された『私家版腕くらべ』、それを戦後、だれかが勝手に真似をして書いた『腕くらべ』、この三種類です。

『私家版腕くらべ』で面白いのは、部屋の灯《あか》りを消さないで（つまり、明るいところで）素っ裸の女性が男とからみあう場面が登場することです。有名なくだりですから、ちょっと読んでみましょう。

ばたりと櫛《くし》が落ちた。その音に駒代はふと瞼《まぶた》を半眼に開いて見て始めて座敷中の明さに心付いたのか、聲《こえ》を顫《ふる》はして、「あなた。電氣を消して、よウ」然《しか》し男の接吻に其《そ》の聲は半ばにして遮《さえぎ》られた。女はもう蔽《おほ》ふものなき身の恥しさを氣にするよりも今は却《かへっ》ていよいよ迫るわが息づかひの切なさ。男が手を下すのを此方からせがむらしい様子。吉岡は静にその腕から女の身を下へと寝かして麻の搔巻《かいまき》を引き寄せたが然し電灯は決して消さなかった。

若き日の文藝評論家・江藤淳《えとうじゅん》がこのあたりを読んで、おお、性愛の極致よ、と言ったといいます。すると、それを聞きつけた開高健が、あいつ、いつも真っ暗闇でやっとンのかいな、と言ったとか。そんな逸話が残っています。

なぜこのくだりがエロチックであるかというと、吉原遊郭であろうが女郎屋であろうが、女は必ず薄い肌襦袢《はだじゅばん》を着ていたからです。花魁《おいらん》がいよいよ床入りするときでも襦袢一枚はつけていた。

襦袢も何もかも全部とって女が素っ裸で男に接するのは、おそらく将軍家だけだったと思われます。これは言い伝えですけれども、大奥で将軍が同衾《どうきん》する場合、万が一、相手の女が刃物でももっているといけないからといって真っ裸にしたというのです。

**人を惑わす性の妄言**

ところで、なぜ私がこんなくだくだしいことを書いているかと言えば——、

①人間の嫉妬には、この世に二種類しか存在しない男と女の関係に由来するものが多いか

らであり、

②男女のセックスから生れた嫉妬は、強迫観念や想像力などの作用によってますます肥大化し、解消しがたいものとして残るからです。

遊郭に通う亭主に嫉妬してもしようがないのに嫉妬する女房、女の絶頂を知らないのは態位のバリエーションが少ないからではないかというセックスの誤解、世の男女はみなめくるめくような性生活を送っているのではないかと気になってのぞく性体験レポート、あるいは小説に性の超絶技巧を学ぼうという幻想……。いずれも不必要な嫉妬の元凶でしかないということを強調しておきたかったのです。

じっさい、セックスをめぐっては人を惑《まど》わすような言葉がいくらでもあります。そんなものに幻惑されていたら不幸になるだけです。

そこで、笠井寛司《かさいかんじ》〔滋賀医科大学教授、故人〕の『名器の研究』は、巷間《こうかん》伝えられている伝説を次々破壊していきます。すなわち——、

女性が性的刺激にどう反応するかはそのときの女性の気分次第である。

女性の反応の良し悪しはセックス・パートナーたる男次第である。

名器の誉れ高い女性でもイヤな男が相手だと無反応になるケースがある。

世にいう「ミミズ千匹」だの「カズノコ天井」で騒ぐのは愚の骨頂である。内診すれば名器の証明と信じられている膣内のヒダヒダはどんな女性にも認められる。名器は気分が昂揚した男女の協力によってつくりあげられる。興奮にともなう肉体の反応はじつは脳の反応にほかならない。処女かどうかは専門医でさえ容易に鑑定することはできない……。

一方、男の場合には「元結《もつとい》」だの「肥後ずいき」などの伝説がありますが、これまた人を惑わす言葉と言うべきでしょう。

元結というのは、髻《もとどり》を結ぶために使う細い紐《ひも》のようなものです。麻糸の場合もあり、のちには紙縒《こより》を使うこともありました。正しくは「もとゆい」と発音しますけれども、ふつうは「もっとい」と、くだけて呼びます。

その元結を使って、男の体で最も鋭敏な舌のつけ根を縛る。舌の状態をできるだけ棒状にして、それを女性に挿入する。そうして膣壁を内側から自由自在に舐《な》めまわすことができたら男も女も最高であろう、という発明です。近世の男たちの苦心サンタンの工夫には深く敬意を表しますけれども、効果のほどは……ご苦労サン、と言うしかありません。

性の快楽をめぐっては、こんな妄言《ぼうげん》が数えきれないほど流布《るふ》されています。ふたたび言えば、そんなものに惑わされるのは不幸の根源。惑わされてはなりません。

とはいえ、セックスはイリュージョンの宝庫です。セックス以外の嫉妬心は松下幸之助の訓《おし》えに従って「狐色に妬け」ば、ある程度まで抑制し薄めることができますが、しかしセックスをめぐる嫉妬は、これは最後まで強迫観念として残るのではないでしょうか。

長々と男の嫉妬・女の嫉妬に言及したゆえんです。

第9章

# 嫉妬の効用

## 嫉妬心の強い日本人はその処理方法も心得ていた

この年まで生きてくると、日本人はなんと嫉妬心が強い民族だろうと思うことがしばしばあります。

たとえば、人を出し抜くことが日本人の行動のプリンシプルになっています。

エスカレーターに乗っている人を見ていればよくわかります。脇を駆け上がっていく人のために片側によけて立つのがルールになっているようですが、どう考えてもわからないのは、エスカレーターを駆け上がって何の得があるのか、ということです。エスカレーターというのは駆け上がらないでも上の階へ行くための装置です。それをわざわざ駆け上がるとは、まったく理解しがたい話です。

飛行機の搭乗手続きのときのせっかちさも解《げ》せません。飛行機の座席はすべて決まっていて、飛行機の出発時間も決まっています。なのに、なぜ人を追い抜いていくのか。いくら追い抜いて行ってもいい座席に坐れるわけではないし、同じ飛行機に乗って同じ時間に飛び立つわけですから一文の得にもならない。それにもかかわらず日本人は先を急ごうとするのです。

日本人は何かの利益のためではなく、人より少しでも先に行くことが快いからそうするのではないでしょうか。心理的な衝動として、人を出し抜くことが好きなのではないか。これが昂じると嫉妬心が高まっていきます。

日本の新聞も国民の嫉妬心を高めるために存在しているようなものです。うまいことをやって儲けた人間の足は引っ張ろうとする。たとえ一度は喝采《かっさい》した人間でも、彼（彼女）があまりに順風満帆だと引きずり下したがる。そうした社会はよほど上手に組み立てないと、全員が嫉妬心の塊になって世の中がグチャグチャになってしまう恐れがあります。

それでも、日本の社会には大動乱や大変革がほとんどありませんでした。明治維新のような小さな変革はあったけれども、その影響は知れています。では、日本に大動乱が無かったのはなぜなのか。

日本人は、嫉妬心も強いけれども、同時に嫉妬心の処理方法を心得ていたからではないでしょうか。

## 嫉妬心の思わぬ効用

神代《かみよ》の昔からずっと劣等感を抱きつづけてきたのが日本人であると、私は見ています。げんに日本人は、わが国はどこそこの国よりも何年後《おく》れている、何十年後れている、と計算するのが好きな国民でした。そうすることが日本人にとっては快かったし、じつはいまも快いように見えます。

余所《よそ》の国は違います。何かを少々マスターしたら、たちまち自国を一流国と思い込み、自分たちは地球の優等生だと信じてしまう。しかしそれでは、それ以上の発展は望めません。歴史が教えるように、一国民が他国民に対して優越感を抱き、そして鼓腹撃壌《こふくげきじょう》の思いに捉われたとき、その国の進歩はもはやそこで止まってしまうからです。

その点、日本国民はそうした自信過剰には陥りません。明治維新をなし遂げても、また日清・日露の大戦争に勝利しても、とにかくわが国はまだまだ後れている、と劣等感をもちつづけてきたからです。目標はつねに先に置かれていたからです。それが日本人です。換言すれば、まだ足りない、まだ後れている、という気持ちがわが国の発展の推力となったのです。

私に言わせれば、進歩は劣等感の産物である。劣等感がなければ、けっして進歩もありえない。

事実として日本が後れていたかどうかは問題ではありません。日本人はつねにそういう気分でいた、というところがポイントです。

観念の上でいつも自分たちは、後れている、と思ってきたこと、それが日本の原動力になったのです。そしてこの思いこそ（大東亜戦争の敗戦を別とすれば）、日本の歴史が一度も大きく落ち込むことなく、つねに上昇を続けてきた秘密です。

そうだとすれば、これを単に「劣等感」と呼ぶのはいささか物足りません。ちょっと寂しい。そこで私はかつて「未然形の劣等感」という言葉を捻《ひね》り出したことがあります。為《な》すところあらん、とする劣等感。もう駄目だ、ではなく、頑張ろう、という踏ん張り。とどのつまりは、やる気に直結したコンプレックスです。

こうした「未然形の劣等感」がこれまでの日本を牽引《けんいん》してきた。これこそが日本文化の厳然たる「かたち」であった。だから、自国以外の先進国を志向するのがわが国民性となり、必ず自分より先行しているものを見つけて、それに追いつけ追い越せという姿勢でやってきたのでしょう。

日本人に特有なこうした「劣等感」を「優れた国への憧れ」「先進国への嫉妬心」と置き換えれば、ある種の嫉妬心はプラスの方向に転化させられるのではないでしょうか。それをするのが人間の智恵ではないのかと思います。

日本史を振り返ってみると、そうした日本人の智恵はあちらこちらに散見されます。

## 嫉妬心を戒める家訓の伝統

武家や商家《しょうか》の「家訓」のいちばん古いものは「極楽寺殿御消息《ごくらくじどのごしょうそく》」です。鎌倉幕府の執権《しっけん》・北条泰時《やすとき》の弟で、京都の六波羅探題《ろくはらたんだい》などを歴任した北条重時《しげとき》の記したものです。

これがじつにユニークなのです。

たとえば「いかなるしづのめなりとも、女のなんをいふべからず」とあります。どんな身分の卑しい者であろうと、女を「醜女《しこめ》」と評してはならないというのです。時に一二六〇年前後、すなわち十三世紀半ば。世界のどこに、女には「ブス」と言ってはならぬと戒めた人がいたでしょうか。

この「極楽寺殿御消息」には、男が妻を選ぶときは女の心根《こころね》をよくよく見据えて、これぞと思うひとりだけを定めるべきであるという一節もあります。いったん「この女」と決めた以上は、第二、第三の妻を置いてはならぬ。妻の嫉妬が積もり積もって浅ましい事態が出来《しゅったい》するであろうから、というわけです。

「極楽寺殿御消息」からはじまって、町人社会でも三井《みつい》家から鴻池《こうのいけ》家まで、創業者がたくさん家訓を残しています。それを全部見ていくと、ひとつの共通点があることに気づきます。それは第一条がみな「神佛《しんぶつ》を敬え」となっていることです。

戦国大名・北条早雲《ほうじょうそううん》にも、「早雲寺殿二十一箇条」という家訓がありますが、これも第一条は「神佛を敬え」(「第一に神佛を信じ奉るべきこと」)。

家訓の第一条はみな「神佛を敬え」なのです。

面白いことに「佛神」と、「佛」を先に挙げる例はひとつもありません。全部、「神佛」です。佛教は外来の宗教だからでしょう。たしかに神道は何がなんだかよくわからないところがありますけど、日本にいちばん古くからあった土着の宗教です。だから「佛」より先に置く。そうした観念は今日までつづいています。

いまでも寺は檀家《だんか》をつくって金儲けをしていますが、神社は何もしません。何もしないけれども、日本人はちゃんと神社にお参りをして必ずお賽銭《さいせん》をあげます。やはり、神社が日本人のはじまりであるという観念があるからでしょう。だから家訓の第一条はみな、「神佛を敬え」なのです。

この「神佛を敬え」という言葉の真の意味は、「畏《おそ》れを知れ」ということです。絶対に自分が正しい、あるいは自分はこの世でいちばん偉いのだと思いたがる人間が出てくると、必ずや世は乱れる。世の中が平和であるためには、自分が第一位である、オレが元祖だ、わしが筆頭である……という自惚《うぬぼ》れを消すことだ。そのためには人間の能力を超えた「サムシング・グレート」を設定し、それを畏れるように仕向けなければいけない。

これが日本の世の中を支えてきたひとつの大きな柱だと思います。言い換えれば、個人の意識が肥大化して野心や嫉妬心の塊になるのを抑えようとしたのが日本人でした。

同時に、「この世ならぬものを崇《あが》める精神をもて」という戒めは、ひとつの組織をまとめていくうえでも非常に都合がよかった。そこで北条早雲も三井家もみな、神佛を敬え、といったわけです。

ところで、キリスト教文化には、キリストを敬え、という訓《おし》えがありません。キリスト教では、この世はすべて造物主《ぞうぶつしゅ》（the Creator）がつくったことになっていますから、神を崇めるのは当り前。だから「神（キリスト）を敬え」とは書いてないのです。

チャイナにもそうした教訓はありません。チャイナでは、「天の命《めい》」が革《あらた》まる（これを「革命」という）と王朝が全部替ってしまうから、やはり「サムシング・グレート」を敬うような訓えは無いのです。

## 身分制度が嫉妬心を軽減した

身分制度は、階段をたくさんつくって、そのそれぞれに人間を位置づけます。その発生の大本は「生れ」でしょう。人間を区別するときいちばん単純で簡単なのは、いったいそれが誰の子であるか、ということです。

たとえば、藤原北家《ほっけ》の生れであるか否かによって位階や身分はおのずから決ってしまいます。藤原北家の場合は兼家《かねいえ》という有力者がいて、その子が道綱《みちつな》、その弟が道長《みちなが》……という具合に系図がある。それがひとつの社会的観念として定着するのです。

道長がほんとうに兼家の子であったかどうか。ひょっとしてどこかの馬の骨の子供であるかもしれません。当時にあって血統は証明しきれなかったからじつにアヤフヤなものでした。でも、身分を決定するものはそれしかなかったから、平安朝は血統によって地位を決めたのです。

つまり、藤原北家の人間でなければ摂政、関白にはなれなかったのです。それ以外の人間はどう頑張っても上にはあがれない。ふつうの家柄では、せいぜいのところが地方長官である受領《ずりょう》（いまでいえば県知事）がいいところでしょう。ワイロを使い、思い切りおべんちゃらをいって就職運動をする。そうして、やっと越前守か何かにしてもらう。それが精いっぱいでした。

芥川龍之介に「芋粥」という短編があります。あの主人公は五位である。ということは清《せい》涼殿《りょうでん》に昇ることができません。昇殿を許されるのは、その上の四位からだったからです。そういう取り決めが、がんじがらめにできあがっていたのが平安時代でした。

いまから思うと絶望的な感じもしますけれど、しかし、はっきりそう決められてしまうとむしろ諦めがつくという側面もあります。

平安朝はそうした身分制度が最も有効に活用されていた時代ですが、その平安朝も終りごろになると乱れてきます。武家政権になってさらに乱れた。それをギュッと強烈に引き締めたのが江戸幕府です。

世界中を見渡しても、江戸幕府ぐらい身分の上下を厳密に規定した政権はありません。第一、大名が江戸城に上るときは席順がすべて決まっていた。もしそれを間違おうものなら笑い者にされました。直参《じきさん》の旗本も上から下まで差があって、だんだん上っていくわけですが、いちばん上りつめた代表が大岡《おおおか》〔忠相《ただすけ》〕越前守です。

徳川幕府はすべてを身分で縛っていたのです。司馬遼太郎は『胡蝶の夢』のなかでこう書いています。

幕藩組織の原理は身分差によって成立しており、縦の序列が、気が遠くなるほどに多種類の格差づけによってできあがっている。いかなる役職でも、厳密な意味での同列同級はありえないというほどにこの格差構成は精密なもので、たまたま存在しえたとしても、その同列同種に年齢という要素を入れて、上下化している。

江戸的身分制は、ほとんど数学的としかいえないほどに多様かつ微細に上下関係の差が組みあわされている。ひとびとは相手が自分より上か下かを即座に判断し、相手が下ならば自分の体まで大きく見せ、上ならば体を小さくして卑屈になる。そういう伸縮の感覚が、江戸社会に暮らす上で重要な芸になっていた。

幕府はこうした厳格な身分制度によって、人々の嫉妬心を抑えていたのです。もっとも人の嫉妬心というものは無くなりませんから、自分より身分がちょっと上の人間を嫉妬することは無くなりません。しかし、身分があまりにもかけ離れている場合は嫉妬しなくなるものなのです。農民が将軍に嫉妬することなどありえないのと同じです。

秩序・階層ができると、たしかにひとつ上のランクの人間には嫉妬するけれど、全体としてみれば、嫉妬心は抑制される。身分制度は嫉妬心の抑制策としてはきわめて効果的だったと言えましょう。

ちなみに、明治になると公侯伯子男《こうこうはくしだん》という華族ができます。公爵がいちばん上で、次が侯爵、そして伯爵、子爵、男爵という序列です。そこで三島由紀夫《みしまゆきお》は、子爵が伯爵を羨むように……、という表現をしたことがありますが、まさに言いえて妙の比喩でした。

子爵は伯爵になりたい。しかしなかなかしてもらえない。そこでワン・ランク上の伯爵を羨んだ。しかし公爵を羨むことはありませんでした。公爵は伊藤博文、侯爵は井上馨《いのうえかおる》。そうおいそれと上位の爵位を望むわけにはいかなかったのです。

また、明治大正期の本を読むとよく出てくるのが「伯大隈」といった言い方です。大隈重信は伯爵でしたが、それを「大隈伯爵」と言ったのでは尊敬語にならない。いわば地位を言っているからです。そこで「伯大隈」と言う。そうすると、伯爵である大隈重信、という意味ですから尊敬語になりました。

## 世襲を廃した明治の元勲

江戸時代は二百六十年間戦《いく》さがなくて平和であったと、このごろは江戸時代の評価が高まっています。きわめて立派で文化的にも高尚な時代であったかのごとく言われています。

しかし、こうした時代評価にはひとつの法則があります。──ひとつの政権（時代）は直前の政権（時代）を徹底的に悪くいうという法則です。

じっさい、明治政府は直前の政権である江戸幕府を徹底的に悪く言いました。だから明治・大正のころは、江戸時代は悪い時代だった、と言われたものです。しかし、昭和を経て平成に入ったいまは違います。今度は明治・大正を良く言わないようにするために、江戸時代をもちあげてみせるのです。

しかし上に見たように、江戸時代ほど身分階層制度がキツイ時代はありません。厳格な身分制度のおかげで社会的嫉妬心が抑制されたのは事実ですが、その息苦しさは手放しで賞賛することはできません。

ふたたび司馬さんの声に耳を傾けてみましょう。

江戸の幕藩体制にあっては、あらゆる階層もしくは複雑に錯綜《さくそう》した身分関係のなかにあって、たがいに差違《さい》を言いたて、相互に差別しあうことで秩序が成立している。（中略）人間をなまのままで存在させず、秩序の力学に適《あ》わせて歪曲《わいきょく》することによって社会が成立していたといっていい。（『胡蝶の夢』）

過剰に江戸時代を賞讃するのはいかがなものか、と思います。同様に、過剰に明治時代を貶めることも合点《がてん》がいきません。明治政府もそれなりの優れた施策をとっているからです。

それまであった制度で、明治政府がやめたいちばん大きい成果は「世襲」です。

周知のように明治の元勲《げんくん》たちは下層階級の出身でしたから、「世襲」がいかに辛いものであるかということを、身をもって知っていたのです。そこで、親の地位がそのまま子供や孫に相続された江戸時代の身分制度を廃止した。現在なお、明治政府には「薩摩閥」「長州閥」という藩閥があったという悪口がありますが、彼らが立派だったことは絶対にその地位を世襲させようとはしなかったことです。

伊藤博文には末松謙澄《すえまつけんちょう》などの女婿《じょせい》がいました。自分の娘婿《むすめむこ》ですから多少の「引き」はしたでしょうが、しかし自分の地位を継がせるようなことはしなかった。

山県有朋が日本陸軍においていかに独裁的な力をもっていようとも、山県はその地位を親族に譲ることはありませんでした。だれに譲ったかと言えば、同じ長州の桂太郎です。その桂太郎は寺内正毅《てらうちまさたけ》にバトンを渡し、寺内正毅は田中義一《たなかぎいち》に引き継がせた。江戸時代の世襲が一直線だとすれば、明治時代の権力委譲はジグザグでした。そういうかたちで世の嫉妬心を抑え、それが暴発しないようにしたのです。

ついでに触れておけば、明治時代にはもうひとつ面白い現象があります。ジャーナリズムの世界で人物評論が非常に栄えたことです。現代はそれほど人物評論が盛んではありませんが、明治時代はそれが盛んに行われた。なぜか。明治時代の人物の出自《しゅつじ》がほとんどみな卑しかったからです。明治時代は、どこの馬の骨ともわからない人間がデカい面《つら》をして高い地位に就いた。そこで一般読書階級は、あいつはいったいどこの生れや、という気持で高位高官を見た。だから人物評論が栄えたのです。すなわち、誰野何兵衛《だれのなにべえ》はどこそこの足軽の出身で……ウンヌン、と。

ところが大正期になると、人物評論が急に下火になる。華族制度も定着してきて、高位高官の出自を探る必要がなくなってきたからです。

これを逆に言えば、人物評論が栄えた明治時代は成り上がり者が大きな顔をできた時代であった。それはそれでいい時代だったと言えるように思います。

**謙虚であれ**

嫉妬が渦巻く世界にあって、嫉妬を避ける秘訣は無いと言いましたが、その「ヒント」のようなものはあります。

謙虚であること。

人間として謙虚であることがマイナスになることは金輪際《こんりんざい》ありません。謙虚であることは、どんな場合でもプラスになります。

伊藤仁斎も『童子問』で、人間が念頭に置かなければならないのは「譲《ゆず》り」だといっています。すなわち、人間の生き方の根本は何かと尋ねられて、仁斎はこう答えています。

譲りに如《し》くは莫《な》し。譲りとは、実徳なり。凡《およ》そ上を犯し勝つことを好み、人と争奪す、皆譲りを忘るるに生ず。故に一譲《いちじやう》立《たつ》て、衆徳蒐《あつ》まる。（中略）人として礼譲の心無きときは、則《すなはち》他の美有りと雖《いへ》ども、皆観《み》るに足らず。故に天下譲りより善きは莫く、譲りを知らざるより善からざるは莫し。

仁斎は「お先にどうぞ」という精神が大切だと言っているわけです。これこそは絶対的な真実です。

史上、もっとも有名な「譲り」は木下順庵《きのしたじゆんあん》門下のエピソードに見られます。

漢学者・木下順庵には、門下生が綺羅星《きらほし》のごとく揃っていた。自分はどこにも仕えなかったけれども、求人申し込みがあると弟子たちをどんどん派遣した。

あるとき、加賀百万石から前田家の侍講《じこう》（殿に講義する先生）を求めてきた。そのとき順庵門下でいちばん優秀だったのは新井白石《あらいはくせき》であったから、順庵は当然白石を指名した。すると、順庵門下の岡島忠四郎という男が白石に、譲ってくれ、と頼みに行った。

正確にどんなセリフであったのか、それはわかりませんけれども、「自分は加賀の国出身で加賀には年老いた親がおる。親孝行もしたいから何とか自分に譲ってくれないか」と、まあ、そんなことを言ったはずです。

加賀百万石の侍講になるというのは学者として最高の出世である。それを白石は譲った。

その結果、どうなったか――。

白石は加賀百万石へ行く代りに、甲府宰相・綱豊卿《つなとよきょう》の求人申し込みに応じた。すると、その綱豊卿がなんと将軍になった（六代将軍・徳川家宣《いえのぶ》）。そこで白石は天下の政権を一手に握る立場に就くことになったのである。

情報網を張りめぐらせていた白石は、五代将軍・綱吉《つなよし》には子供がなかったから、いずれ綱豊卿が将軍になるかもしれないと予想していたのかもしれないが、それにしても白石のこの

「譲り」は効果絶大だったと言えよう。

謙虚とか譲りというのはそんなにむずかしいことではありません。腹《はら》を決めれば簡単なことです。しかも、その効果は時に絶大である。現に謙虚である人が他人から悪評を受けた例を私は知りません。

もう一点、自分が嫉妬で苦しむことも避けたいものです。嫉妬、怨み、憎しみ……そうした感情が全身に行き渡れば、五臓六腑を傷《いた》める結果になります。それを避けるためにも――、

人は何より謙虚であれかし！

切りとり線

## ★読者のみなさまにお願い

この本をお読みになって、どんな感想をお持ちでしょうか。祥伝社のホームページから書評をお送りいただけたら、ありがたく存じます。今後の企画の参考にさせていただきます。また、次ページの原稿用紙を切り取り、左記まで郵送していただいても結構です。

お寄せいただいた書評は、ご了解のうえ新聞・雑誌などを通じて紹介させていただくこともあります。採用の場合は、特製図書カードを差しあげます。

なお、ご記入いただいたお名前、ご住所、ご連絡先等は、書評紹介の事前了解、謝礼のお届け以外の目的で利用することはありません。また、それらの情報を6カ月を越えて保管することもありません。


〒101-8701（お手紙は郵便番号だけで届きます）
祥伝社　新書編集部
電話03（3265）2310
祥伝社ブックレビュー　www.shodensha.co.jp/bookreview


★本書の購買動機（媒体名、あるいは○をつけてください）

| | | | | | |
|---|---|---|---|---|---|
| ＿＿＿新聞の広告を見て | ＿＿＿誌の広告を見て | ＿＿＿の書評を見て | ＿＿＿のWebを見て | 書店で見かけて | 知人のすすめで |

★100字書評……嫉妬の正体

名前

住所

年齢

職業

谷沢永一　たにざわ・えいいち

1929年、大阪市生まれ。関西大学文学部国文学科卒業、同大学院博士課程修了、文学博士。関西大学文学部教授を経て、名誉教授。専門は書誌学、日本近代文学。著書に『完本 紙つぶて』(サントリー学芸賞)、『文豪たちの大喧嘩——鷗外・逍遥・樗牛』(読売文学賞)、『紙つぶて 自作自注最終版』(毎日書評賞)、『新・プルターク英雄伝』、『人間通』、『開高健 思考する人』など。2011年逝去。

# 嫉妬《しっと》の正体《しょうたい》

谷沢永一《たにざわえいいち》

2020年11月10日　初版第1刷発行

発行者……………辻 浩明
発行所……………祥伝社《しょうでんしゃ》
〒101-8701　東京都千代田区神田神保町3-3
電話　03(3265)2081(販売部)
電話　03(3265)2310(編集部)
電話　03(3265)3622(業務部)
ホームページ　www.shodensha.co.jp

装丁者……………盛川和洋
印刷所……………萩原印刷
製本所……………ナショナル製本


Printed in Japan　ISBN978-4-396-11617-0　C0295

〈祥伝社新書〉
# 歴史に学ぶ

545
## 日本史のミカタ
「こんな見方があったのか。まったく違う日本史に興奮した」林修氏推薦
国際日本文化研究センター所長 井上章一
本郷和人

588
## 世界史のミカタ
「国家の枠を超えて世界を見る力が身につく」佐藤優氏推奨
井上章一
小説家 佐藤賢一

578
## 世界から戦争がなくならない本当の理由
戦後74年、なぜ「過ち」を繰り返すのか。池上流「戦争論」の決定版！
ジャーナリスト 名城大学教授 池上 彰

351
## 英国人記者が見た連合国戦勝史観の虚妄
滞日50年のジャーナリストは、なぜ歴史観を変えたのか。画期的な戦後論の誕生
ジャーナリスト ヘンリー・S・ストークス

605
## 桂 太郎 日本政治史上、最高の総理大臣
最大の国難と闘った宰相が我々に遺《のこ》したものとは？
憲政史研究者 倉山 満